Dear.
일상의
　소소한
　즐거움이 되시길...♥
　　늘 행복하세요 ♥

　　　　danhee
　　　　　b호리

미 니 파 올 라 레 이 나 를 위 한

빈티지 인형옷 만들기

DEAR

미 니 파 올 라 레 이 나 를 위 한

빈티지 인형옷 만들기

MY PAOLA
REINA MINI

말괄량이 김화희 지음

BM 황금부엉이

프롤로그

원단을 고르고, 패턴을 만들고,

자르고, 손바느질로 꿰매면서 집중할 수 있었고,

내가 정말 인형을 좋아한다는 것을 느끼게 되었습니다.

인형에게 옷을 입히고, 사진을 찍고 하는 과정들에서

옛 동심으로 돌아간 듯한 순수한 순간을 맞기도 하는,

그런 작업 일상들을 하나하나 기록해왔습니다.

그렇게 오랜 세월 바느질을 취미로, 일로 해오면서

여러 권의 인형옷 만들기 책을 출간하게 되었고,

독자 여러분과 함께 나누다 보니

또다시 시간이 흘러 이렇게 새로운 인형옷 만들기 책을

선보이게 되었네요.

이번에는 파올라레이나 미니 인형옷 만들기 책이에요.

앞서 작업했던 인형보다 작은 아이라

손수 하나하나 손바느질로 옷을 지으면서 정성을 쏟았고,

일상의 소소한 행복감을 느끼면서 엮은 책이랍니다.

길어지는 집콕 생활에 지친 여러분의 마음에

즐거운 취미로 한 발짝 더 다가가길 바라봅니다.

2021년 여름

두 손 모아 김화희 드림

vintage fashion

차 례

vintage fashion 1 　세일러재킷 세트

A 세일러칼라 쇼트재킷	B 프렌치슬리브 원피스	C 이중레이스 속치마

28	33	37

vintage fashion 2 　라벤더체크 이중케이프 세트

A 라벤더체크 이중케이프	B 러플칼라 블라우스	C 플리츠 롱스커트

42	46	50

vintage fashion 3　하프재킷 세트

A 하프재킷

56

B 셔츠칼라 블라우스

62

C 맞주름 스커트

66

vintage fashion 4　홈파티 드레스 세트

A 구름물결 치마 원피스

72

B 구름물결 하트포인트 앞치마

78

vintage fashion 5　핀턱 드레스 세트

A 핀턱 플레어 원피스

84

B 리넨 속치마

90

C 프릴 보넷

92

vintage fashion 6   퍼프소매 블라우스 세트

A 퍼프소매 블라우스

98

B 서큘러 스커트

103

vintage fashion 7   에이프런 원피스 세트

A 플랫칼라 원피스

108

B 속바지

114

C 어깨셔링 앞치마

117

vintage fashion 8   머메이드 스커트 세트

A 스탠드칼라 요크셔링 블라우스

122

B 머메이드 스커트

126

C 양면 베스트

130

vintage fashion 9 　이너웨어 세트

A 브라탑

135

B 팬티

138

면타이츠

141

프릴 이중케이프

144

원숄더 블랙 & 레드 드레스

148

오프숄더 언밸런스 드레스

153

보트 네크라인 이중프릴 원피스

157

vintage fashion

Part 1

*

BASIC

DEAR
MY PAOLA
REINA MINI

기본 도구

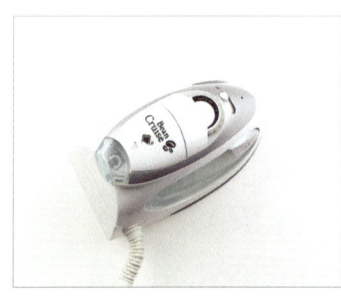

손바늘

손바느질 용도에 따라서 굵기와 길이가 각각 다릅니다. 보통 8호 정도의 바늘은 손바느질 용도로 사용하기 적당하고, 인형옷에 장식하는 단추 같은 경우는 구멍이 작으니 12호 정도의 가는 바늘을 사용하는 게 좋답니다.

미니 다리미

인형옷은 크기가 작으니 미니 다리미를 사용하는 것이 편합니다.

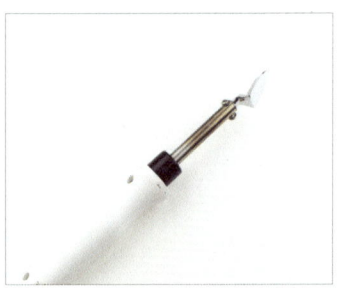

인두 다리미

인형옷 암홀처럼 좁고 섬세한 부분의 다림질이 필요할 때 사용하면 좋습니다.

재단가위

원단만 자르는 전용가위입니다. 종이나 테이프 등을 자를 때 사용하면 날이 망가지기 쉬우므로 꼭 구분해서 사용하세요.

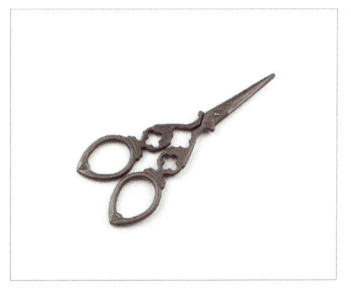

작은가위

실을 자르거나 작은 원단을 자를 때, 시접을 정리할 때 사용합니다.

미니가위

종이나 트레이싱지에 도안을 옮긴 후 자를 때 사용합니다.

쪽가위
실을 세심하게 정리해서 마무리할 때 사용합니다.

패브릭 수성펜
시접을 그리거나 그림을 그려서 손바느질할 때 사용합니다. 수성펜이라 물을 뿌려서 지우거나 세탁하면 선이 사라집니다.

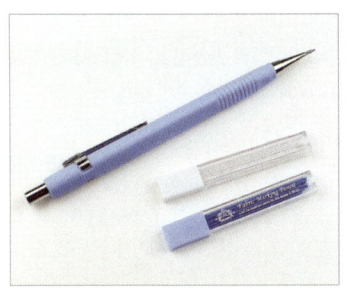

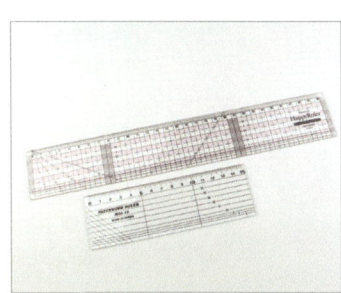

패브릭 마킹 샤프펜
어두운 원단 위에 패턴을 옮길 때 사용합니다. 샤프심 색이 다양하게 나오니 어두운 원단의 색감에 따라 골라서 사용하면 된답니다. 심이 굵어서 부드럽게 잘 그려지고, 세탁하면 선은 깨끗하게 사라집니다.

시접자
시접선을 그릴 때 사용하면 편합니다. 방안지 모양으로 선이 그려져 있는 투명 재질의 플라스틱 자가 좋습니다. 5mm 간격의 치수를 한눈에 알아볼 수 있습니다.

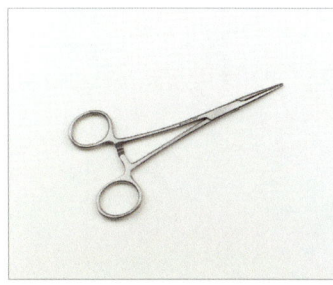

아이론 시접자
원단을 접어서 시접을 다림질할 때 사용하는 내열 시접자입니다. 손으로 원단을 접어 다림질하는 것보다 훨씬 정확하고 신속하게 작업할 수 있어 유용합니다.

겸자
창구멍으로 원단을 뒤집을 때 사용합니다. 가위 끝에 톱니 날이 맞물려 있어 원단을 단단히 잡아 쉽게 뒤집을 수 있습니다.

시침핀
원단을 겹쳐서 바느질할 때 원단을 고정하기 위해 사용합니다. 되도록 길고 가는 것이 좋답니다.

실
인형옷을 만들 때는 주로 재봉실이나 퀼트실, 자수실 등을 사용하는데, 손바느질 용도라면 퀼트실을 권합니다. 질겨서 잘 끊어지지 않고, 꼬임도 덜 해서 바느질이 편하답니다.

 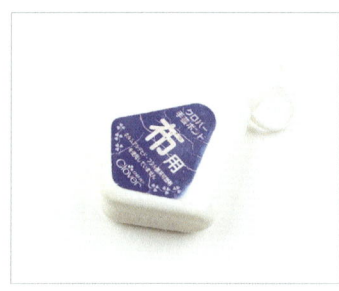

올풀림방지액
천의 가장자리나 리본 등의 끝처리에 사용합니다. 가장자리에 발라두고 말리면 올이 풀리지 않습니다.

수예용본드
원단에 레이스나, 장식리본, 끈, 파이핑 등을 붙일 때 사용합니다. 원단 전용본드로 마르면 투명해집니다. 세탁해도 튼튼하게 잘 붙어 있어서 여기저기 활용하기 좋답니다.

문진
원단에 도안을 옮겨 그릴 때 문진을 올려두면 원단이나 도안이 움직이지 않아서 편하게 옮기거나 자를 수 있습니다.

원단의 종류

책에서 만든 의상에 사용했던 원단들은 주로 면 30수입니다. 색감과 패턴은 만들고자 하는 분위기의 옷에 맞춰 선택하면 된답니다. 면 30수 원단은 톡톡하고 두께감이 적당해서 초보자도 손바느질하기에 좋습니다. 양말이나 타이츠는 다이마루 원단을 사용했습니다.

도안 그리기

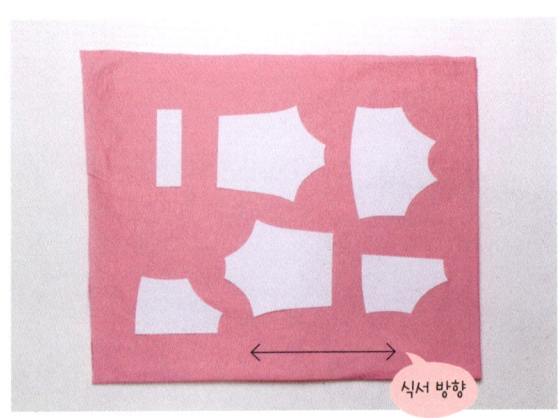

01 원단에 도안 배치하기

실물 크기의 도안을 복사한 후 오리거나 도안용 부직포에 베껴 그린 후 잘라서 사용합니다. 옮긴 도안은 원단의 식서 방향에 맞게 배치 하세요.

식서 방향

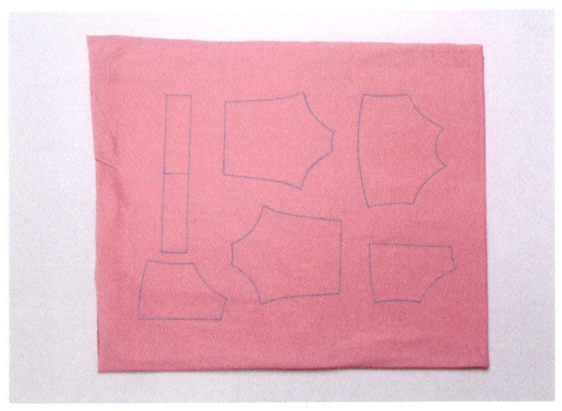

02 도안 그리기

패브릭 전용 수성펜으로 도안을 그립니다. 골선 표시가 있는 도안은 좌우를 대칭시켜 그리세요.

Tip 원단의 방향

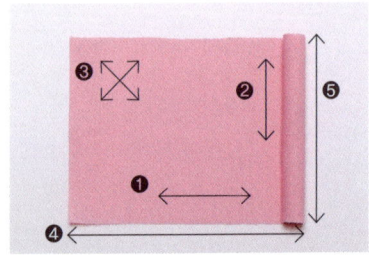

❶ **식서 방향** : 원단 롤에서 원단이 풀리는 방향. 잡아당겼을 때 늘어나지 않아요.

❷ **푸서 방향** : 식서 반대 방향으로 잡아당겼을 때 원단이 늘어나요.

❸ **바이어스 방향** : 원단을 45도로 경사지게 자르는 방향입니다. 양쪽 대각선 방향으로 신축 성이 좋습니다.

❹ **원단의 길이** : 1마를 기본으로 합니다. 1마는 1야드(Yard)이며 약 90cm 정도의 길이입니다.

❺ **원단 폭** : 일반적으로 소폭, 일반폭, 대폭, 광폭이 있습니다. 소폭 90cm, 일반폭 110cm, 대 폭 150cm, 광폭 270~300cm의 단위로 생산됩니다.

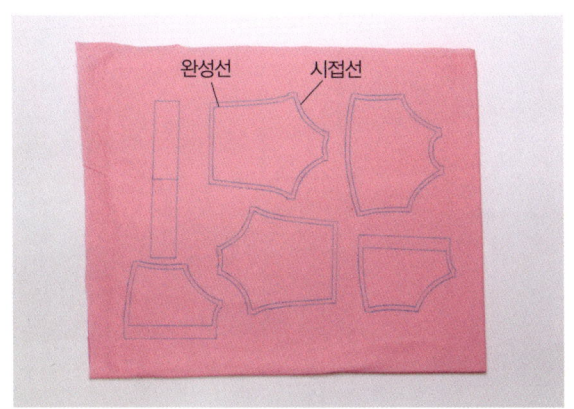

03 시접 그리기

따라하기의 설명대로 각각의 시접을 그립니다. 시접 표시가 없다면 도안만 그리면 됩니다.

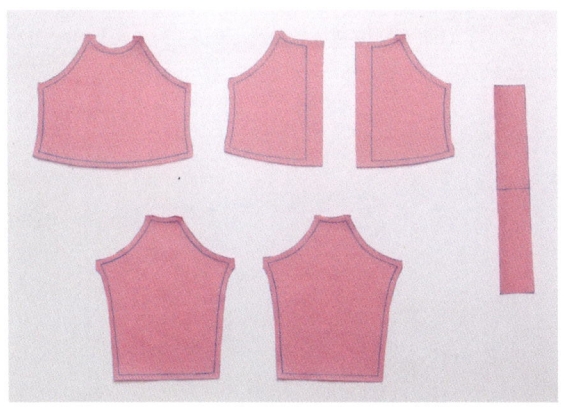

04 재단하기

바깥쪽 시접선을 따라 가위로 자릅니다. 펜으로 그린 선이라 선이 두꺼우니 선 안쪽으로 자르는 것이 좋습니다. 시접선 바깥쪽으로 자르면 옷이 커질 수도 있습니다.

Tip 선 세탁 요령

대부분의 원단에는 가공하면서 생기는 각종 오염물질이나 먼지들이 달라붙어 있거나 세탁하면 줄어들기도 하므로 옷을 만들기 전에 미리 세탁하는 것이 좋습니다.

❶ 세제를 풀지 않은 미온수에 소금을 약간 넣어 녹입니다.

❷ 원단을 접어서 충분히 물에 잠기게 한 다음 1시간 동안 둡니다.

❸ 색상이 진한 원단은 물이 빠질 수 있으니 다른 색상의 원단과 같이 넣지 않도록 주의하세요.

❹ 세탁이 끝난 원단은 비틀어 짜지 마세요. 꾹꾹 눌러서 물기를 빼거나 세탁망에 넣어 탈수한 후 그대로 펴서 말리세요. 약간 덜 말랐을 때 다림질을 하면 틀어진 올을 바로잡을 수 있습니다.

인형옷 만들기 기초 테크닉

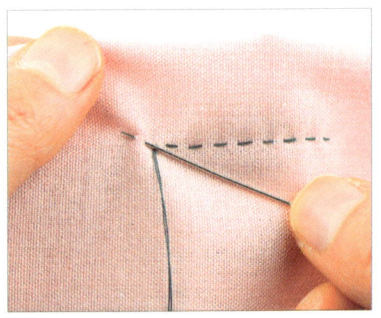

홈질
가장 기본이 되는 바느질법으로, 실을 끼운 바늘을 원단의 앞뒤로 넣었다가 빼는 과정을 반복합니다. 바늘땀의 간격은 보통 0.3mm 정도로 떠주면 됩니다.

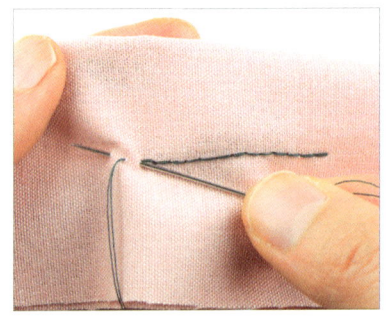

박음질
촘촘한 홈질로도 잘 고정되지만 좀 더 완벽하고 튼튼하게 하고 싶을 때 사용하는 바느질법입니다. 홈질과 다르게 바늘을 시작점 뒤쪽으로 넣었다가 다시 앞으로 빼내는 과정을 반복합니다.

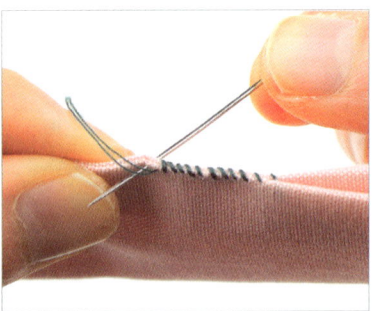

감침질
시접의 가장자리를 들뜨지 않게 정리하거나 끈을 달아줄 때 사용합니다. 원단 두 겹을 통과하고 다시 통과하기를 반복하면 사선 모양의 감침질이 됩니다. 겉으로 바늘땀이 보입니다.

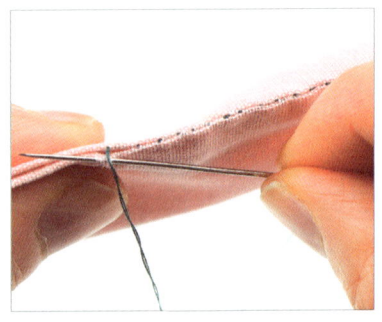

공그르기
창구멍을 정리할 때 사용합니다. 두 원단의 모서리 부분을 한 땀씩 번갈아 가면서 떠서 실을 잡아당기면 겉에서 바늘땀이 보이지 않고 깔끔하게 마무리됩니다.

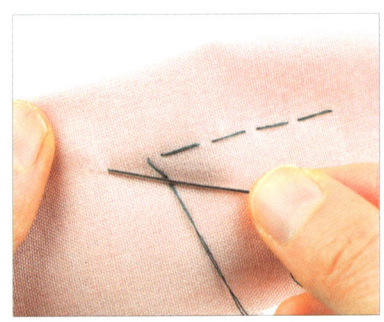

시침질
본바느질을 하기 전에 임시로 고정하는 용도로 사용합니다. 밖에서 안으로 바늘을 통과시키고 간격을 넓게 하여 바느질합니다.

✱ 턱 접는 방법

패턴에서 사선 방향에 따라 접힌 모습이 달라집니다. 공통점은 사선이 높은 곳에서 낮은 곳으로 맞춰진다는 것입니다.

01 사선의 형태가 오른쪽 위에서 왼쪽 아래로 떨어지는 모양입니다.

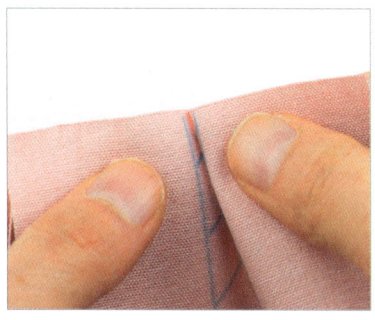

02 오른쪽에서 왼쪽으로 접습니다.

03 다림질하여 정리합니다.

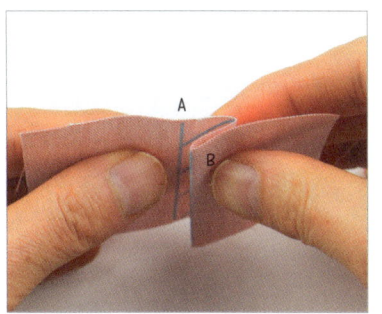

04 접힌 모습은 이렇습니다.

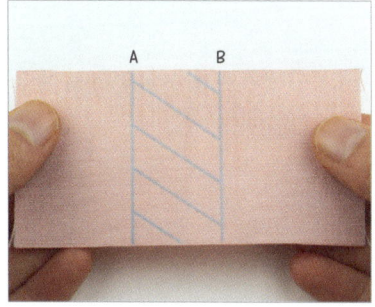

05 사선의 형태가 왼쪽 위에서 오른쪽 아래로 떨어지는 모양입니다.

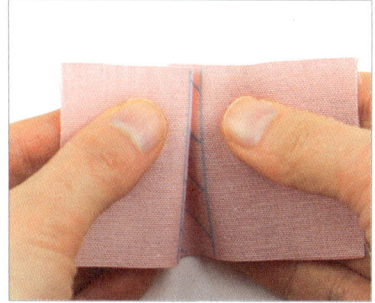

06 왼쪽에서 오른쪽으로 접습니다.

07 다림질하여 정리합니다.

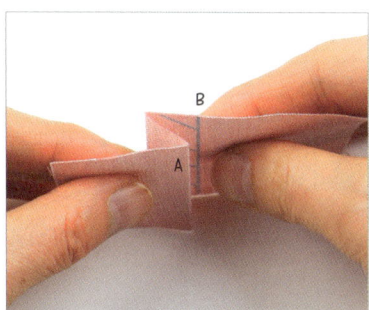

08 접힌 모습은 이렇습니다.

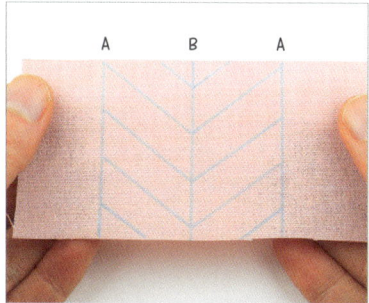

09 사선의 형태가 양쪽 위에서 가운데로 떨어지는 모양입니다.

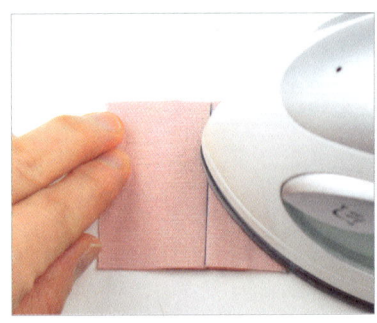

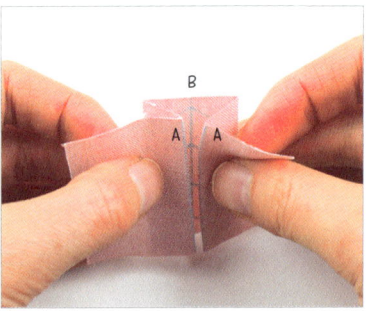

10 양 끝을 접어서 중심으로 모읍니다.

11 다림질하여 정리합니다.

12 접힌 모습은 이렇습니다.

✽ 스프링훅 다는 방법

스프링훅은 의상의 지퍼를 열었을 때 트임 위쪽의 공간이 벌어지지 않도록 달아주는 부자재입니다. 인형옷을 만들 때도 종종 사용됩니다.

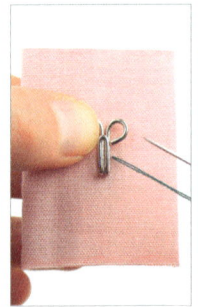

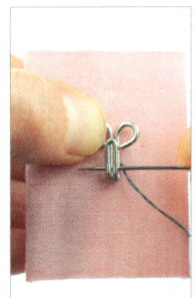

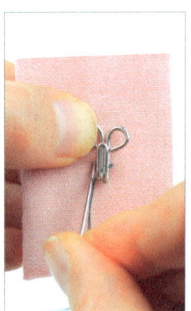

01 거는 쪽의 훅 모양은 이렇게 생겼습니다.   02 바늘을 아래에서 위로 통과시켜 거는 쪽 부분을 3~4번 정도 감싸서 꿰매줍니다.

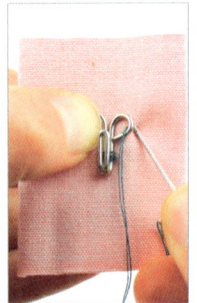

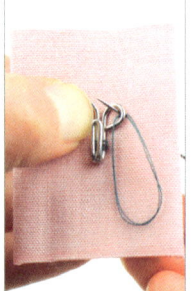

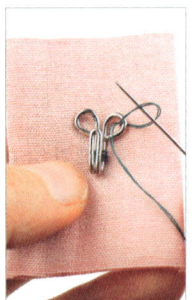

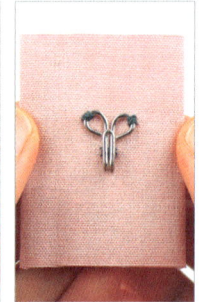

03 거는 쪽의 훅 모양은 이렇게 생겼습니다.바늘을 아래에서 위로 통과시키고, 바로 옆으로 다시 아래로 통과시켰다가 다시 올라와 실 사이로 바늘을 통과시킨 후 당기는 과정을 반복해 5번 정도 감싸 꿰매서 마무리합니다.

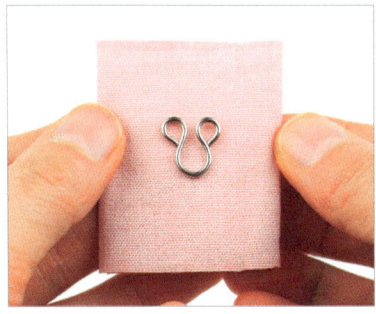  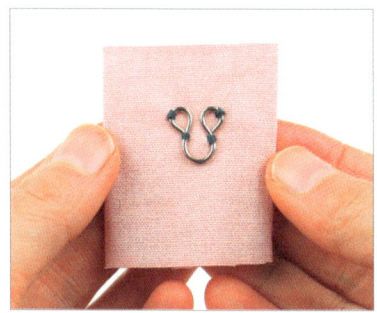

04 걸리는 쪽은 구멍 2개 아랫부분을 각각 4~5번 감싸서 꿰매주고, 윗구멍 쪽은 3번 과정으로 꿰매서 마무리합니다.

✳ 다트 처리법

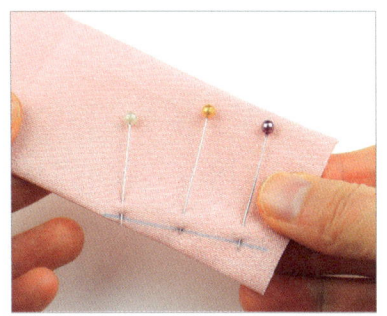 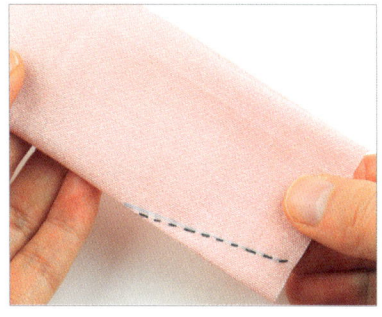 

01 다트선이 서로 겹치도록 겉면끼리 맞대어 시침핀으로 고정합니다.

02 선을 따라 홈질하다가 끝부분으로 올 때 완성선보다 안쪽으로 바느질하여 깔끔하게 마무리합니다. 이때 매듭은 한 번만 감습니다.

03 다트를 중심 쪽으로 넘겨줍니다. (앞 중심, 뒤 중심 상관없음)

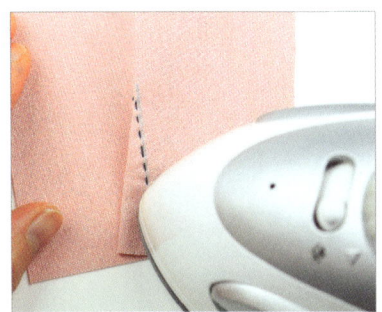

04 다림질하여 정리합니다.

✱ 시접처리하는 방법 1 가름솔

시접을 양쪽으로 펼치는 것으로 연결 부분의 시접이 둔탁해지지 않도록 정리해주는 방법입니다.

01 원단 2장을 겹쳐서 바느질합니다.

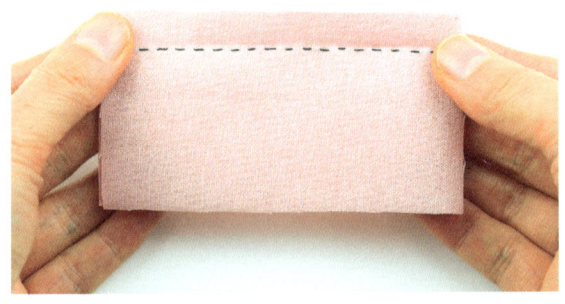

02 먼저 손끝으로 시접을 펴서 솔기를 눌러줍니다.

03 다림질은 문지르지 말고 눌러서 다립니다. 원단을 문질러 다림질하면 원단에 따라 늘어날 수도 있으니 주의하세요.

✳ 시접 처리하는 방법 2 외솔

시접을 한쪽으로 넘겨 정리해주는 방법입니다. 보통 원단 2장을 연결해서 바느질한 후 겉면에서 시접을 꺾어서 바느질해 시접을 고정합니다.

01 원단 2장을 겹쳐서 바느질합니다.

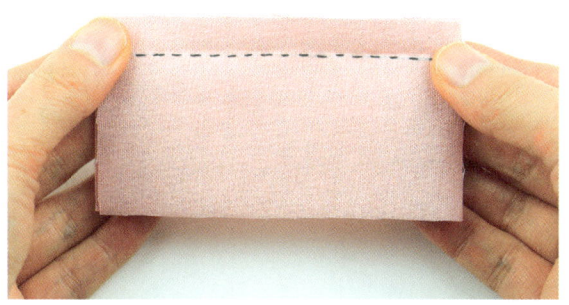

02 2장을 겹쳐서 바느질한 시접을 한쪽으로 넘겨줍니다.

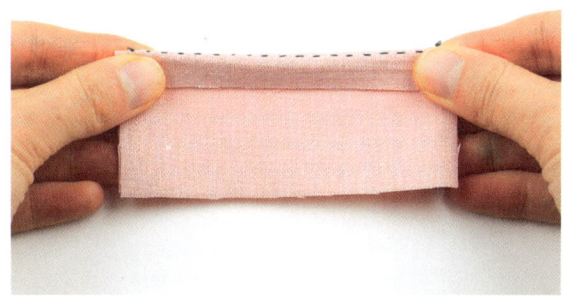

03 겹쳐진 시접 위로 다리미를 꾹 눌러서 열을 가해 시접을 정리합니다.

· vintage fashion ·

Part 2

*

MAKE

DEAR
MY PAOLA
REINA MINI

세일러재킷 세트

ⓐ 세일러칼라 쇼트재킷

ⓑ 프렌치슬리브 원피스

ⓒ 이중레이스 속치마

영화 〈작은 아씨들〉에서 사랑스러운 둘째, 조가 입고 나왔던

세일러칼라 블라우스에 페미닌한 원피스를 매치해봤어요.

이중레이스 속치마로 자칫 밋밋할 수 있는 프렌치슬리브 원피스에 볼륨을 주었어요.

세일러칼라 쇼트재킷

실물 도안	174쪽
원단 크기	겉감 38×18cm, 안감 24×10cm
부재료	3mm 리본끈 73cm, 패브릭본드, 스냅단추 2쌍, 4mm 금속단추 3개, 2mm 은색 비즈 2개

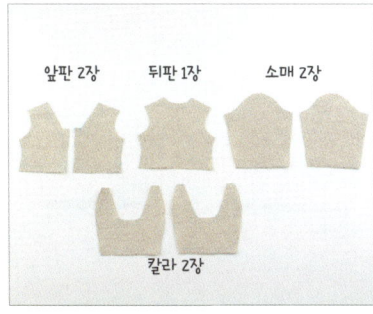

01 앞판 2장, 뒤판 1장, 소매 2장, 칼라 2장을
준비합니다.

02 뒤판의 다트를 박습니다.

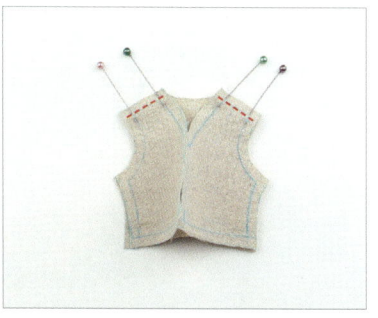

03 앞판과 뒤판의 어깨를 겉면끼리 맞대어
고정한 후 표시된 부분을 바느질합니다.

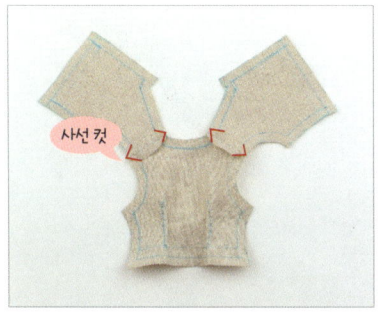

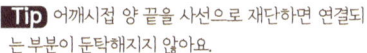

04 어깨시접을 가름솔로 다림질합니다.

Tip 어깨시접 양 끝을 사선으로 재단하면 연결되
는 부분이 둔탁해지지 않아요.

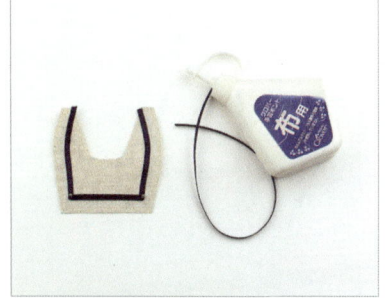

05 칼라 한 장에 리본을 붙여주고, 양 끝 모
서리 부분에 은색 비즈를 달아줍니다.

Tip 패브릭본드를 발라서 어느 정도 접착된 후에
다림질하면 접착력이 강해집니다.

06 리본을 붙여준 칼라와 나머지 한 장을
준비합니다.

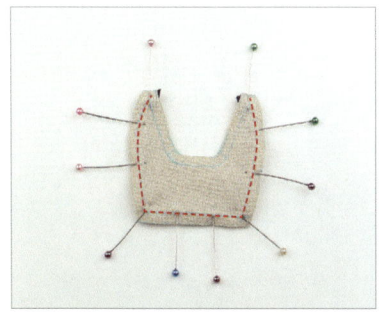

07 2장을 겉면끼리 맞대어 고정한 후 표시
된 부분을 바느질합니다.

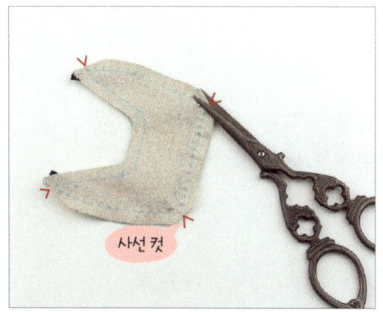

08 모서리 부분은 사선으로 잘라냅니다.

09 겉면으로 뒤집어서 정리한 후 다림질합
니다.

10 목둘레에 칼라를 맞대어 바느질합니다.

Tip 안감을 한 번 더 달아야 하니 바느질은 최대한
시접 끝으로 해줍니다.

11 칼라를 달아준 모습입니다.

12 소매끝단에도 패턴에 표시된 자리에 리
본을 부착합니다.

13 소매산을 오그려줍니다.

14 암홀라인과 소매산을 맞추어 소매를 달
아줍니다.

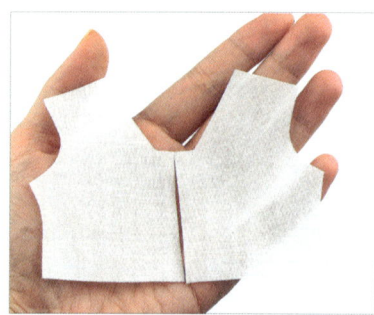

15 안감 앞판 2장입니다.

16 안감 뒤판 1장입니다.

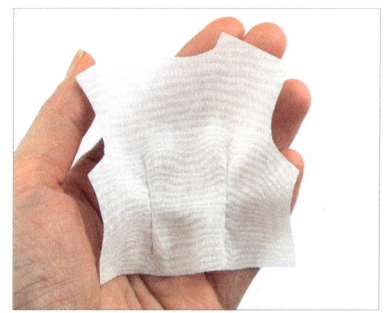

17 뒤판의 다트를 박습니다.

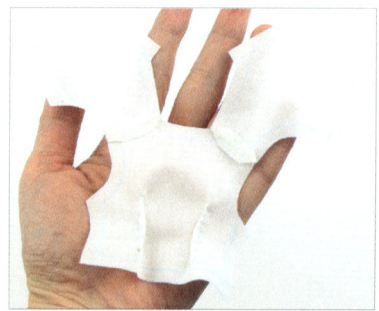

18 어깨를 연결하고 시접을 사선으로 재단
하고 가름솔로 다림질합니다.

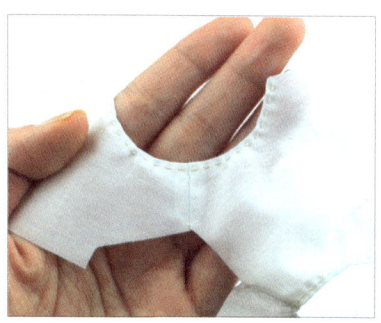

19 암홀의 시접에 가위집을 낸 후, 접어서 바느질합니다.

20 소매끝단 시접을 접어서 바느질합니다.

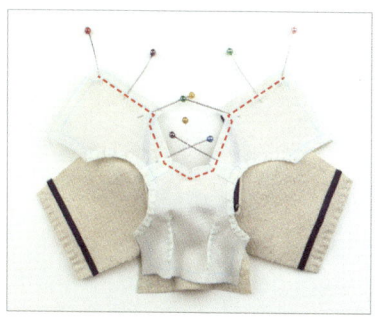

21 안감과 겉감을 겉면끼리 맞대어 고정한 후 표시된 부분을 바느질합니다.

22 곡선 부분에 가위집을 냅니다.

23 안감의 옆선을 겉면끼리 맞대어 고정한 후 표시된 부분을 바느질합니다.

24 겉감의 소매와 옆선을 겉면끼리 맞대어 고정한 후 표시된 부분을 바느질합니다.

25 겉면으로 뒤집어서 정리해줍니다.

26 밑단의 시접을 접어서 정리하여 고정합니다.

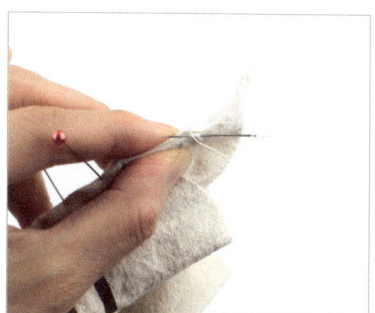

27 밑단을 공그르기로 마무리합니다.

28 밑단을 바느질해준 모습입니다.

29 앞 중심에 금속단추를 달아줍니다.

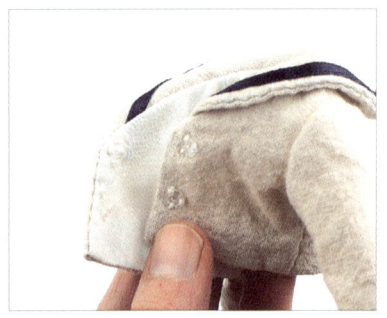

30 스냅단추를 달아줍니다.

31 리본끈을 장식하여 완성합니다.

프렌치슬리브 원피스

실물 도안	170~171쪽
원단 크기	34×22cm
부재료	레이스 30cm, 스냅단추 3쌍

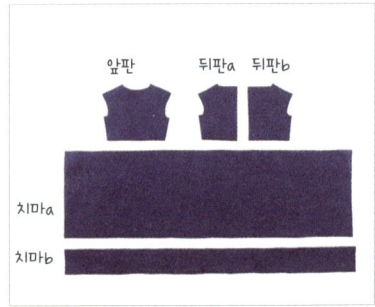

01 겉감 앞판 1장, 겉감 뒤판a 1장, 겉감 뒤판b 1장, 치마a 1장, 치마b 1장을 준비합니다.

02 뒤판의 다트를 박습니다.

03 앞판의 어깨와 뒤판의 어깨를 겉면끼리 맞대어 고정한 후 표시된 부분을 바느질합니다.

04 연결한 어깨시접을 가름솔로 다림질합니다.

05 패턴에 표시된 핀턱주름을 접어서 다림질합니다.

06 핀턱주름을 바느질합니다.

07 치마a 밑단 겉면에 레이스 겉면을 맞대어 고정하고 바느질합니다.

08 레이스를 정리하여 다림질합니다.

09 치마b 겉면을 레이스 겉면과 맞대어 고정하여 바느질합니다.

10 치마b를 정리하여 다림질합니다.

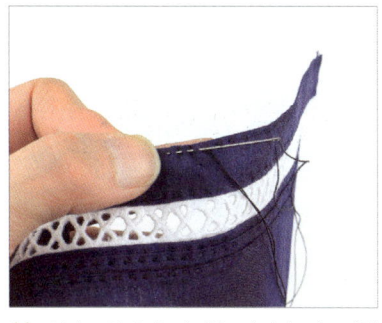

11 치마b 밑단의 시접을 접어서 바느질합니다.

앞판 안감   뒤판 안감b   뒤판 안감a

12 앞판 안감 1장, 뒤판 안감b 1장, 뒤판 안감a 1장을 준비합니다.

13 뒤판의 다트를 박습니다.

14 어깨를 연결해주고 시접을 가름솔로 다림질합니다.

15 겉감과 안감을 서로 겉면끼리 맞대어 고정한 후 표시된 부분을 바느질합니다.

16 암홀과 목둘레 곡선 부분에 가위집을 냅니다.

17 겉면으로 뒤집어서 다림질해서 정리합니다.

18 겉감과 안감은 각각 옆선을 겉면끼리 맞대어 연결합니다.

19 옆선을 연결해준 모습입니다.

20 치마 허릿단에 셔링을 잡습니다.

21 20을 몸판 밑단 안쪽으로 정리해 넣어 고정하여 바느질합니다.

22 바느질해준 모습입니다.

23 뒤 중심을 겉면끼리 맞대어 고정합니다. 트임을 남기고 표시된 부분을 바느질합니다.

24 시접을 가름솔로 다림질합니다.

25 뒤 중심에 스냅단추를 달아줍니다.

26 완성한 모습입니다.

이중레이스 속치마

원단 크기 레이스폭 8cm짜리 40cm 1장, 레이스폭 10cm짜리 40cm 1장
부재료 허리 고무줄밴드 폭 1×0.5cm 1줄

How to Make

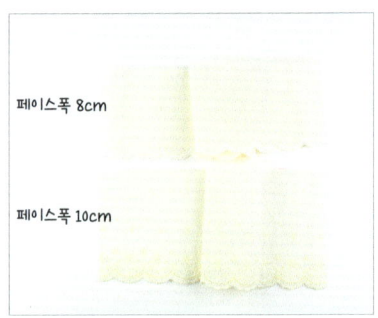

01 레이스폭 8cm 1장과 레이스폭 10cm 1장을 준비합니다.

02 레이스 2장을 서로 겹쳐서 셔링을 잡습니다.

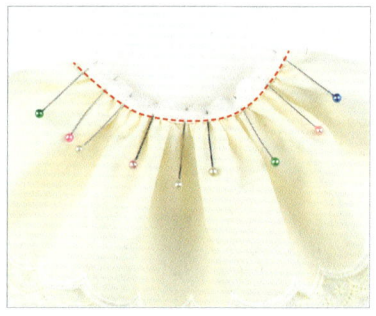

03 치마 겉면에 허리 고무줄밴드를 맞대어 바느질합니다.

04 치마 허릿단에 고무줄밴드를 달아준 모습입니다.

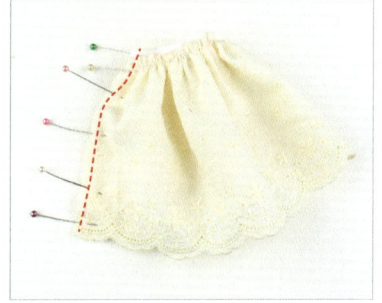

05 뒤 중심을 겉면끼리 맞대어 고정한 후 표시된 부분을 바느질합니다.

06 겉면으로 뒤집어서 정리해 완성한 모습입니다.

라벤더체크 이중케이프 세트

ⓑ 러플칼라 블라우스

ⓐ 라벤더체크 이중케이프

ⓒ 플리츠 롱스커트

영화 〈작은 아씨들〉의 첫째, 메기의 의상을 재현해봤어요.

라벤더체크 이중케이프가 주는 클래식함에

민트 칼라 블라우스, 핑크 롱플리츠로

단아하고 고급스러운 룩을 완성했어요.

라벤더체크 이중케이프

실물 도안	173쪽
원단 크기	겉감 34×22cm, 안감 34×22cm
부자재	스냅단추 1쌍

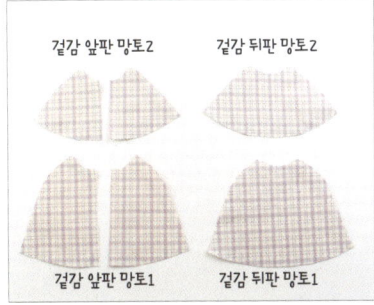

01 겉감 앞판 망토2 2장, 겉감 뒤판 망토2 1장, 겉감 앞판 망토1 2장, 겉감 뒤판 망토1 1장을 준비합니다.

02 앞판 망토1 2장과 뒤판 망토1을 겉면끼리 맞대어 고정한 후 표시된 부분을 바느질합니다.

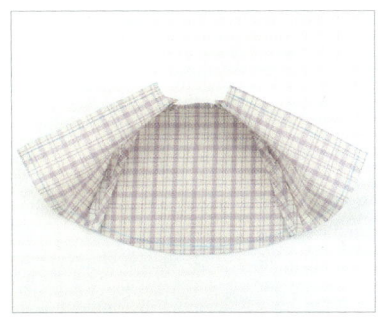

03 시접은 가름솔로 다림질합니다.

04 앞판 망토2 2장과 뒤판 망토2를 겉면끼리 맞대어 고정한 후 표시된 부분을 바느질합니다.

05 시접은 가름솔로 다림질합니다.

06 안감 앞판 망토2 2장, 안감 뒤판 망토2 1장, 안감 앞판 망토1 2장, 안감 뒤판 망토1 1장을 준비합니다.

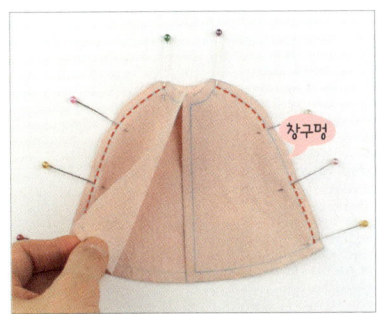

07 앞판 망토1 2장과 뒤판 망토1을 겉면끼리 맞대어 고정한 후 표시된 부분을 바느질합니다. 한쪽에 창구멍을 냅니다.

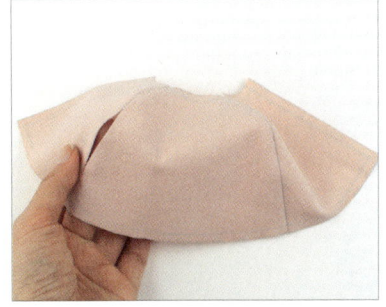

08 시접은 가름솔로 다림질합니다.

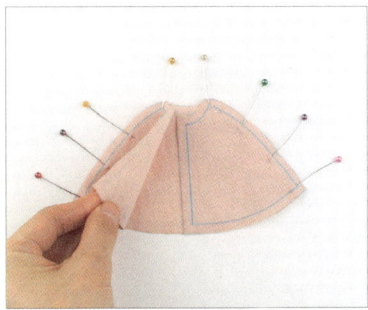

09 앞판 망토2 2장과 뒤판 망토2를 겉면끼리 맞대어 옆면을 바느질합니다.

10 시접은 가름솔로 다림질합니다.

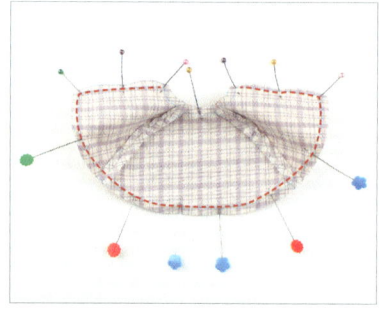

11 겉감 망토2와 안감 망토2를 겉면끼리 맞대어 고정한 후 표시된 부분을 바느질합니다.

12 겉면으로 뒤집어서 정리한 후 다림질합니다. 목둘레를 제외한 전체 둘레를 홈질합니다.

13 겉감 망토1과 12를 겹쳐서 목둘레를 시침하여 고정합니다.

14 13과 7을 겉면끼리 맞대어 고정한 후 전체 둘레를 바느질합니다.

15 창구멍으로 뒤집어서 정리하여 다림질합니다.

16 창구멍을 공그르기로 마무리합니다.

17 망토1의 전체 둘레를 바느질합니다.

18 앞여밈끈 실물 도안을 원단을 접어서 그린 후 시접을 그립니다. 창구멍을 남기고 바느질합니다.

19 창구멍으로 뒤집어서 정리하여 공그르기
로 마무리합니다.

20 한쪽 면에 맞추어 공그르기로 달아줍
니다.

21 스냅단추를 달아 완성합니다.

러플칼라 블라우스

실물 도안	182쪽
원단 크기	18×35cm
부자재	2.5cm 목레이스 25cm 1줄, 3mm 리본끈 28cm,
	4mm 단추 4개, 고무실 15cm, 5mm 벨크로 5.5cm 1쌍

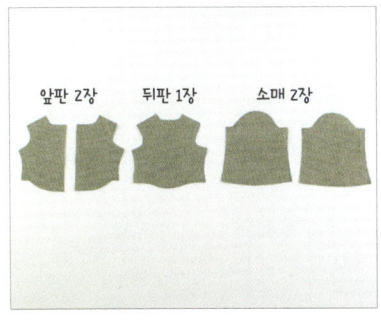

01 앞판 2장, 뒤판 1장, 소매 2장을 준비합니다.

02 뒤판의 다트를 박습니다.

03 앞판과 뒤판의 어깨를 겉면끼리 맞대어 고정한 후 표시된 부분을 바느질합니다.

04 어깨시접을 가름솔로 다림질합니다.

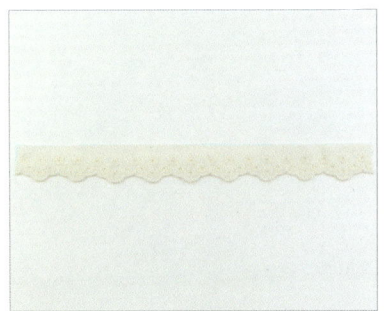

05 목프릴감 레이스를 준비합니다.

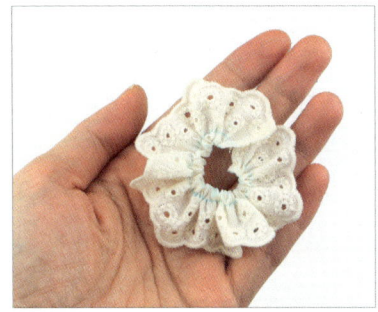

06 레이스의 양 끝 시접을 접어서 바느질하고 셔링을 잡습니다.

07 목둘레 겉면에 목프릴감 레이스 안면을 맞대서 시침하여 고정합니다.

Tip 안감을 이중으로 달아야 하니 시접선이 아니라 끝 쪽으로 시침하세요.

08 목프릴감을 달아준 모습이에요.

09 소매 2장의 소매끝단을 접어서 다림질합니다.

10 소매끝단을 바느질합니다.

11 고무실을 바늘에 끼우고 시접 사이로 넣어서 주름을 잡습니다.

12 소매끝단에 주름을 잡아준 모습입니다.

13 소매산에 셔링을 잡습니다.

14 암홀라인에 소매를 달아줍니다.

안감 앞판 2장   안감 뒤판 1장

15 안감 앞판 2장과 안감 뒤판 1장을 준비합니다.

16 뒤판에 다트를 막고 어깨를 연결합니다.

17 암홀라인에 가위집을 냅니다.

18 암홀라인의 시접을 접어서 바느질합니다.

19 안감과 겉감을 겉면끼리 맞대어 고정한 후 표시된 부분을 바느질합니다.

20 목둘레 곡선에 가위집을 내고 모서리 부분은 대각선으로 잘라냅니다.

21 안감의 옆선을 겉면끼리 맞대어 고정한 후 표시된 부분을 바느질합니다.

22 겉감의 소매와 옆선을 겉면끼리 맞대어 고정한 후 표시된 부분을 바느질합니다.

23 겉면으로 뒤집어서 정리한 후 다림질하고, 목둘레 부분을 바느질하여 프릴을 달아줍니다.

24 밑단의 시접을 접어서 정리한 후 다림질하고, 맞춰서 바느질합니다.

25 밑단을 바느질한 모습입니다.

26 앞 중심에 단추를 달아줍니다. 벨크로를 달아줍니다.

27 리본을 달아 완성합니다.

플리츠 롱스커트

실물 도안	168~169쪽
원단 크기	47×21cm
부자재	5mm 스냅단추 1쌍

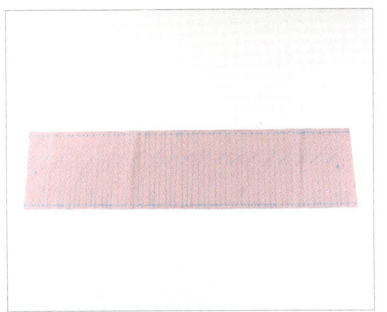

01 패턴에 맞춰 치마를 재단하고, 주름분을 표시합니다.

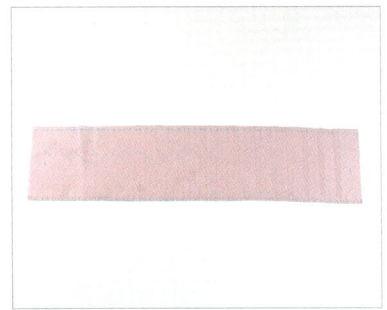

02 밑단 한 면을 접어서 바느질합니다.

03 주름분을 접어서 다림질합니다.

04 허리 부분을 시침하여 주름을 고정합니다.

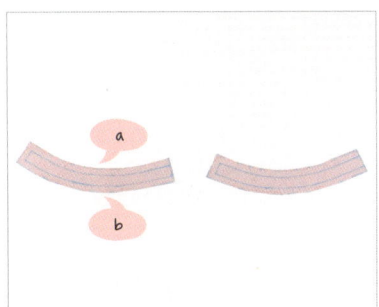

05 허리벨트 2장을 준비합니다.

치마 옆선을 접어서 허리벨트 시접선에 맞춘다.

06 치마 허리 부분과 허리벨트 b면을 겉면끼리 맞대어 고정한 후 표시된 부분을 바느질합니다.

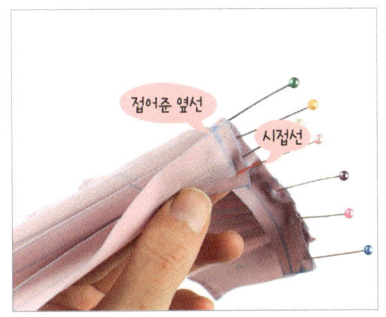

접어준 옆선
시접선

07 6에서 설명한 부분이 이 부분입니다.

08 허리선b를 바느질한 모습입니다.

09 허리벨트를 위로 꺾어서 다림질합니다.

10 나머지 허리벨트 한 장의 a면을 9와 겉면끼리 맞대어 고정한 후 표시된 부분을 바느질합니다.

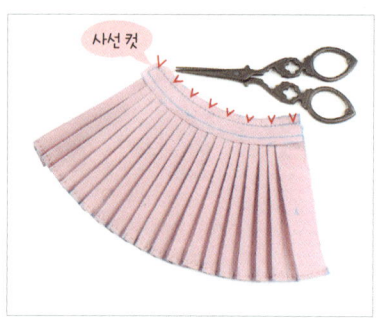

11 a면에 가위집을 주고, 모서리 부분은 사선으로 잘라냅니다.

12 허리벨트를 겉면으로 뒤집어서 정리한 후 다림질합니다.

13 허리벨트를 바느질한 겉면입니다.

14 허리벨트를 바느질한 안면입니다.

15 뒤 중심을 겉면끼리 맞대어 트임 부분을 남기고 바느질합니다.

16 스냅단추를 달아 완성합니다.

하프재킷 세트

ⓐ 하프재킷

ⓑ 셔츠칼라 블라우스

ⓒ 맞주름 스커트

영화 〈작은 아씨들〉에서 둘째, 조가 입고 나왔던
클래식한 하프재킷에 붉은색 리본을 단 셔츠 블라우스를 재현해봤어요.
자신감 넘치고 자유로운 조에게 정말 찰떡이었던 의상이죠.

하프재킷

실물 도안	179쪽
원단 크기	겉감/안감 앞판b 35×21cm, 안감 21×15cm
부자재	스냅단추 3쌍, 4mm 금속단추 3개

01 앞판 겉감 2장, 뒤판 겉감 2장, 칼라 1장, 소매 2장을 준비합니다.

02 겉감 뒤판 2장의 다트를 박습니다.

03 뒤판의 뒤 중심을 겉면끼리 맞대어 연결합니다.

04 뒤판의 시접을 가름솔로 다림질합니다.

05 앞판의 어깨와 뒤판의 어깨를 겉면끼리 맞대어 연결합니다.

06 연결한 어깨의 시접을 가름솔로 다림질합니다.

07 소매 2장의 소매산을 오그려줍니다.

08 암홀과 소매산을 겉면끼리 맞대어 고정한 후 바느질합니다.

09 소매를 연결한 모습입니다.

10 앞판에 주머니가 달릴 곳을 표시합니다.

11 주머니를 만들고 앞판에 달릴 바느질선을 표시합니다.

12 앞판에 표시한 부분에 주머니를 위치시킨 후 바느질합니다.

13 주머니를 다림질하여 정리합니다.

14 주머니 옆쪽에 들뜬 부분을 공그르기로 부착합니다.

15 안감 앞판a 2장, 안감 앞판b 2장, 안감 뒤판 2장을 준비합니다.

16 안감 뒤판 2장의 다트를 박고 뒤 중심을 연결합니다.

17 시접을 가름솔로 다림질합니다.

18 안감 앞판a와 안감 앞판b를 겉면끼리 맞대어 고정한 후 바느질합니다.

19 연결한 부분의 시접을 가름솔로 다림질
합니다.

20 앞판과 뒤판의 어깨를 겉면끼리 맞대어
연결하고, 시접을 가름솔로 다림질합니다.

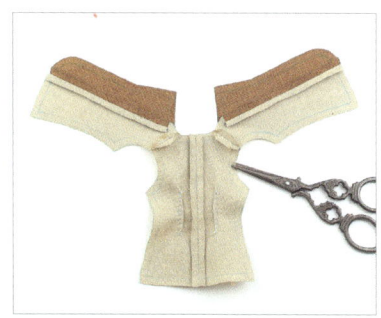

21 암홀라인에 가위집을 냅니다.

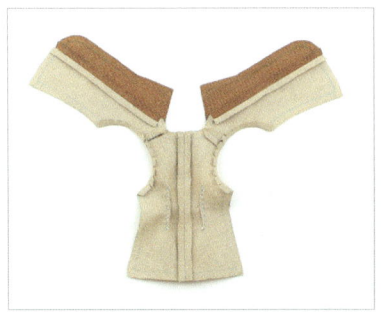

22 암홀의 시접을 접어서 다림질합니다.

23 암홀을 바느질합니다.

칼라가 달릴 부분

24 안감과 겉감을 겉면끼리 맞대어 고정한
후 표시된 부분을 바느질합니다.

25 안감의 옆선을 겉면끼리 맞대어 고정한
후 바느질합니다.

26 안감 옆선의 시접을 가름솔로 다림질합
니다.

27 겉감을 소매부터 옆선까지 겉면끼리 맞
대어 바느질합니다.

28 옆선의 시접을 가름솔로 다림질합니다.

29 안감과 겉감을 잘 맞대어 고정한 후 표시된 부분을 바느질합니다. 그 후 가위집을 내어 뒤집어줍니다.

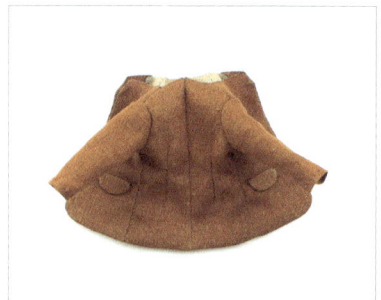

30 겉면으로 뒤집어서 정리해준 모습입니다.

31 집어준 부분을 잘 맞추어 끝 쪽으로 바느질하여 부착합니다.

32 칼라는 겉면끼리 마주하게 반으로 접어서 다림질하고, 표시한 부분을 바느질합니다.

33 표시한 부분에 가위집을 냅니다.

34 겉면으로 뒤집은 후 시접을 정리하여 다림질합니다.

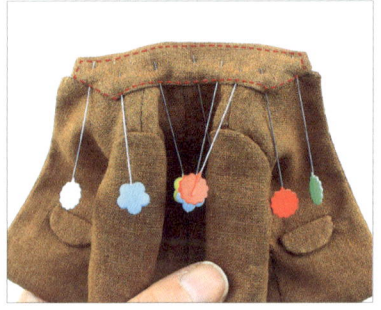

35 칼라를 잘 맞추어서 고정한 후 바느질합니다.

36 칼라를 바느질해준 안면의 모습입니다.

37 전체 둘레를 바느질합니다.

38 앞 중심 한 면에 단추를 달아줍니다.

39 안감의 암홀을 겉감과 살짝 집어서 고정 해주면 완성입니다.

40 완성한 모습입니다.

셔츠칼라 블라우스

실물 도안	180쪽
원단 크기	20×26cm, 앞판 안단/칼라 안단 13.5×20.5cm
부자재	벨크로 5.5cm 1쌍, 3mm 단추 6개

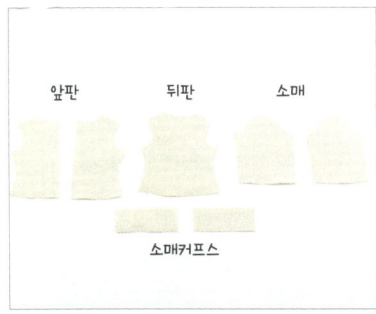

01 앞판 2장, 뒤판 1장, 소매 2장, 소매커프스 2장을 준비합니다.

02 뒤판의 다트를 박습니다.

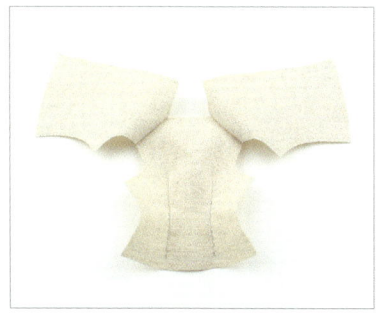

03 앞판과 어깨를 겉면끼리 맞대고 연결합니다.

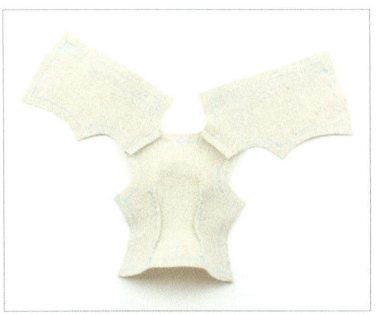

04 어깨의 시접은 가름솔로 다려줍니다.

05 소매커프스를 반으로 접어 다려줍니다.

06 소매끝단과 커프스를 겉면끼리 맞대어 고정한 후 표시된 부분을 바느질합니다.

07 커프스의 시접을 다려 접은 후 안쪽으로 넘겨 고정합니다.

08 커프스가 연결된 부분에 바느질합니다.

09 커프스를 달아준 후 다림질해서 정리합니다.

10 암홀과 소매산을 겉면끼리 맞대어 고정한 후 바느질합니다.

11 소매를 달아준 모습입니다.

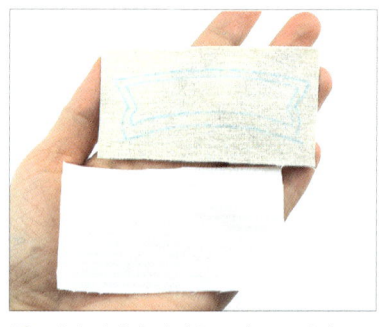

12 칼라 겉감에 칼라를 그려주고 시접도 표시합니다. 칼라 안단도 준비합니다.

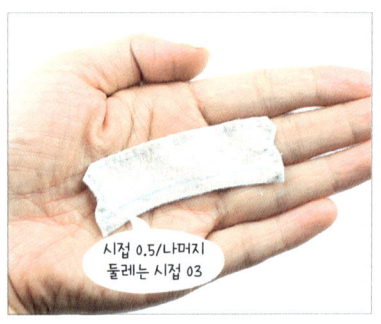

시접 0.5/나머지 둘레는 시접 03

13 칼라 겉감과 칼라 안단을 겉면끼리 맞대어 바느질한 후 시접을 잘라냅니다.

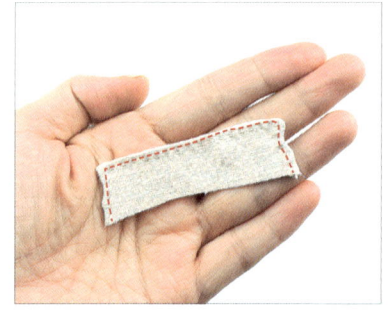

14 겉면으로 뒤집어서 다림질로 정리한 후 가장자리 세 면을 바느질해줍니다.

15 칼라를 목둘레와 겉면끼리 맞대어 고정한 후 표시된 부분을 바느질합니다.

Tip 안단이 겹쳐서 달릴 거라 시접선에 바느질하지 않는 거예요.

16 안단 2장을 준비합니다.

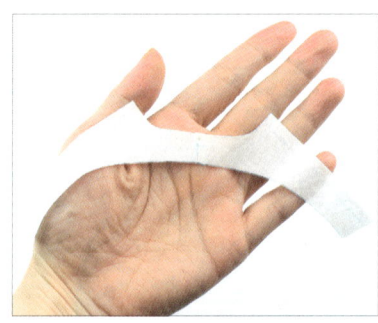

17 안단 2장을 연결합니다.

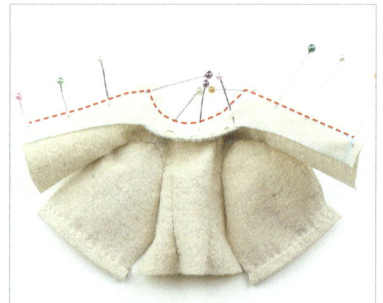

18 안단과 앞 중심을 겉면끼리 맞대어 고정한 후 표시된 부분을 바느질합니다.

19 목둘레 곡선에 가위집을 내고, 모서리 부분을 잘라냅니다.

20 안단을 뒤집은 후 정리하고 다림질합니다.

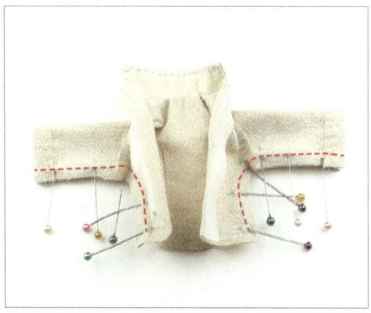

21 소매와 옆선을 겉면끼리 맞대어 고정한 후 표시된 부분을 바느질합니다.

22 옆선의 시접을 가름솔로 다려줍니다.

23 밑단의 시접을 접어서 다려줍니다.

24 밑단을 바느질합니다.

25 칼라 밑의 목둘레를 바느질합니다.

26 앞 중심에 단추를 단 후 앞 중심 양옆에 벨크로를 달아줍니다.

27 완성한 모습입니다.

맞주름 스커트

실물 도안	170쪽
원단 크기	40×15cm
부자재	훅 1쌍

01 허리벨트 2장과 치마를 준비합니다.

02 먼저 밑단 시접 0.5cm를 접어서 바느질합니다. 그다음 맞주름 분량을 표시하고 접어서 허릿단 끝부분을 바느질하여 고정합니다.

03 허리벨트를 허릿단에 맞출 때 사진처럼 0.5cm를 띄우고 맞춥니다.

04 사진처럼 0.5cm 시접선을 따라서 바느질합니다.

05 허리벨트를 위로 꺾어서 다림질합니다.

06 나머지 1장의 허리벨트를 겉면끼리 맞춥니다. 사진에 표시된 것처럼 ㄱ자로 0.5cm 시접선을 따라서 바느질합니다.

07 ㄱ자로 바느질한 부분 모서리의 시접을 대각선으로 잘라냅니다.

08 겉면으로 허릿단을 뒤집어준 모습입니다.

09 안쪽의 모습은 이렇습니다.

10 허리벨트 폭이 끝나는 부분에 맞춰서 바느질하여 허릿단을 고정합니다.

11 허리벨트를 고정하여 완성한 모습입니다.

12 안쪽의 모습은 이렇습니다.

13 뒤 중심을 기준으로 겉면으로 반을 접어서 트임 부분을 남기고 시접 0.5cm 부분을 바느질합니다.

14 트임 부분의 시접이 들뜬 부분을 바느질합니다.

15 정리해준 모습입니다.

16 허리벨트 양 끝에 훅을 달아주어 완성합니다.

홈파티 드레스 세트

ⓐ 구름물결 치마 원피스

ⓑ 구름물결 하트포인트 앞치마

이상한 나라의 주인공인 앨리스의 홈파티 의상을 만들어봤어요.
유치하지 않은 하트 모양으로 포인트를 준 앞치마로
세련된 의상이 만들어졌어요.

구름물결 치마 원피스

실물 도안	164~166쪽
원단 크기	겉감/치마a 40×25cm, 안감/칼라/소매커프스 23.5×15cm, 치마b 40×9.5cm
부자재	2mm 비즈구슬 4개, 5mm 스냅단추 3쌍, 물결레이스 37cm

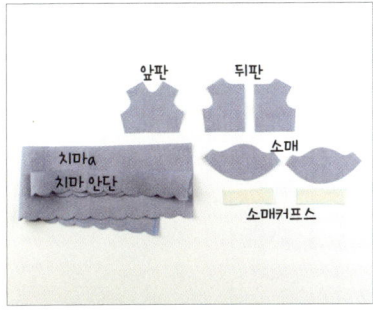

01 앞판, 뒤판, 소매, 소매커프스, 치마a, 치마 안단을 준비합니다.

02 뒤판의 다트를 박습니다.

03 앞판과 뒤판의 어깨를 겉면끼리 맞대어 고정한 후 표시된 부분을 바느질합니다.

04 시접을 가름솔로 다림질합니다.

05 원단을 반으로 접어서 칼라 2장을 그립니다.

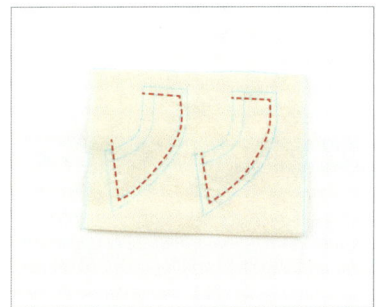

06 표시한 부분을 바느질하고 시접을 그립니다.

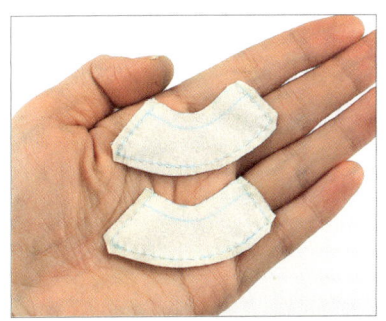

07 시접을 잘라냅니다.

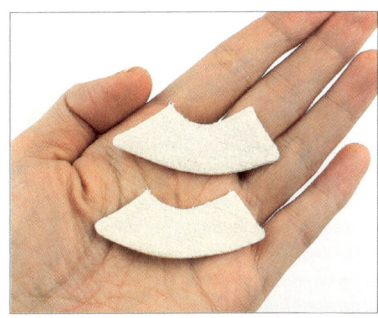

08 겉면으로 뒤집어서 다림질합니다.

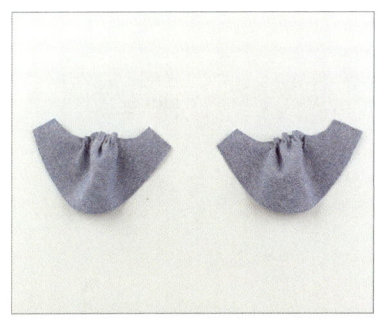

09 소매 2장의 소매산에 셔링을 잡습니다.

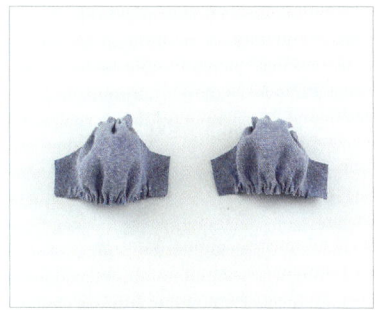

10 소매끝단에 셔링을 잡습니다.

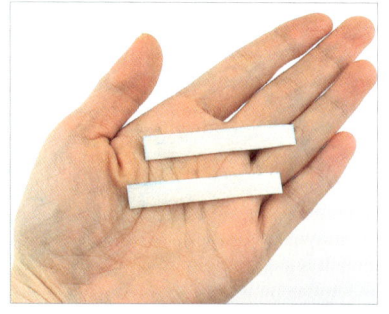

11 소매커프스를 반으로 접어 다림질합니다.

12 소매끝단과 소매커프스를 바느질합니다.

13 시접을 정리하여 커프스 겉면에서 바느질합니다.

14 암홀과 소매산을 겉면끼리 맞대어 소매를 달아줍니다.

15 소매가 달린 모습입니다.

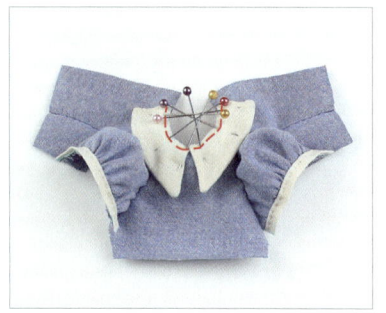

16 칼라를 목둘레에 맞춰서 시침합니다.

17 칼라를 시침해준 모습입니다.

18 안감을 준비합니다.

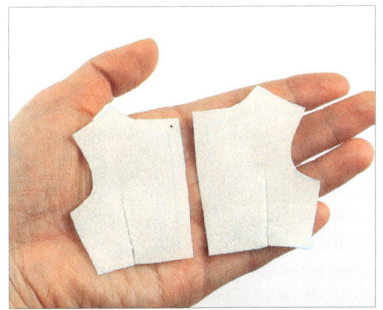

19 안감 뒤판의 다트를 박습니다.

20 앞판과 뒤판의 어깨를 연결하고 시접을 가름솔로 다림질합니다.

21 암홀 시접에 가위집을 내고, 접어 다린 후 바느질합니다.

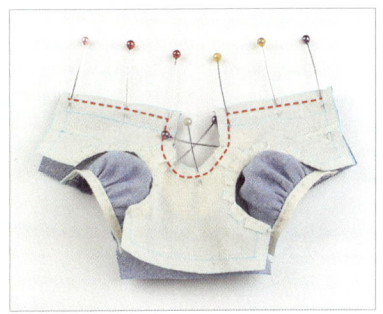

22 겉감과 안감을 겉면끼리 맞대어 고정한 후 표시된 부분을 바느질합니다.

23 목둘레 곡선 부분에 가위집을 냅니다.

24 겉면으로 뒤집은 후 다림질하여 정리합니다.

25 안감의 옆선을 겉면끼리 맞대어 연결합니다.

26 겉감의 소매와 옆선을 겉면끼리 맞대어 연결합니다.

27 치마a와 치마 안단을 준비합니다.

28 치마a와 치마 안단 양 끝을 겉면끼리 맞대어 연결하고, 시접은 가름솔로 다림질합니다.

Tip 트임 부분을 여유 있게 남겨야 허릿단에 치마를 연결할 때 수월합니다.

29 치마a의 겉면에 치마 안단의 겉면을 맞대어 끝단을 바느질합니다.

Tip 연결 부분은 서로 엇갈리게 맞춥니다.

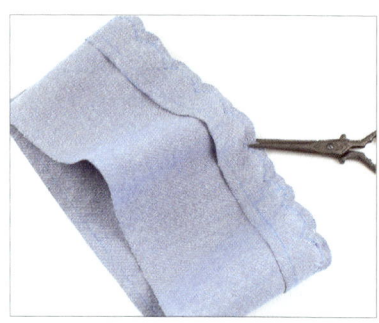

30 곡선과 곡선 사이에 가위집을 냅니다.

31 겉면으로 뒤집어서 정리하여 다림질합니다.

32 물결레이스를 안단의 연결 부분에 맞춘 후 겉면에서 고정하여 바느질합니다.

33 레이스를 바느질한 모습입니다.

34 치마b의 밑단을 접어서 다림질합니다.

35 밑단을 바느질합니다.

36 양 끝을 겉면끼리 맞댄 후 트임 부분을 여유 있게 남기고 연결합니다. 시접을 가름솔로 다림질합니다.

37 치마a와 치마b를 겹쳐서 맞춥니다.

38 셔링을 잡습니다.

39 밑단에 치마를 정리해서 넣고 바느질합니다.

40 치마를 달아준 모습입니다.

41 여유 있게 남겨둔 치마b의 트임 부분은 허릿단 아래로 2cm 남기고 공그르기로 마무리합니다.

42 여유 있게 남겨둔 치마a의 트임 부분도 허릿단 아래로 2cm 남기고 공그르기로 마무리합니다.

43 칼라 앞부분에 비즈구슬을 달아서 몸판에 붙입니다.

44 칼라 뒷부분에도 비즈구슬을 달아서 몸판에 붙입니다.

45 치마a와 치마b의 트임 부분을 겹쳐서 바느질한 후 뒤 중심에 스냅단추를 달아서 완성합니다.

구름물결 하트포인트 앞치마

실물 도안	174~175쪽
원단 크기	43×19cm
부자재	폭 2cm 레이스 10cm 2줄, 3mm 리본끈 34cm, 펠트지 16×2cm

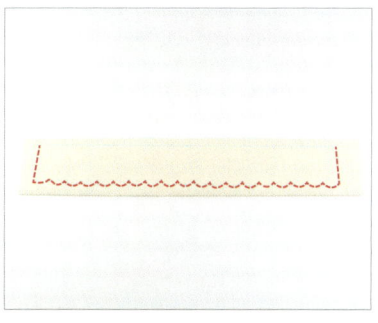

01 원단을 반으로 접은 상태에서 실물 도안을 대고 그려줍니다. 윗면을 남기고 그린 선을 따라서 바느질합니다.

02 시접은 윗면 0.5cm, 나머지는 0.3cm 남기고 잘라냅니다. 곡선과 곡선 사이는 가위집을 냅니다.

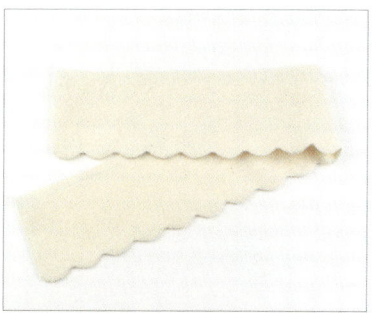

03 뒤집은 후 다림질하여 정리합니다.

04 펠트지에 하트 실물 도안을 그린 후 오려서 준비합니다.

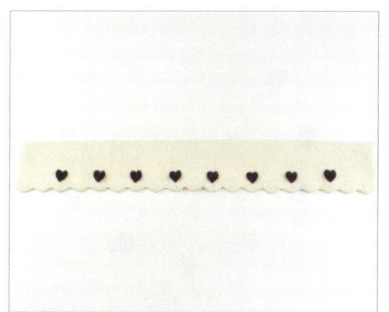

05 하트 8개를 위치에 놓고 달아줍니다.

06 어깨끈 2장을 준비합니다.

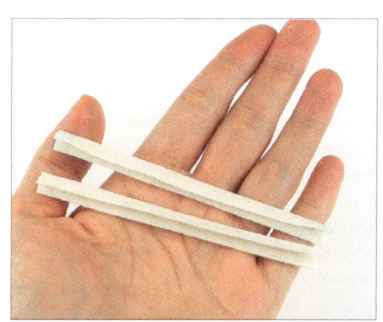

07 어깨끈 위아래 시접을 접은 후 반으로 접어서 다림질합니다.

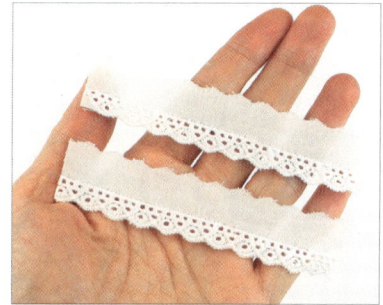

08 레이스 2장을 준비합니다.

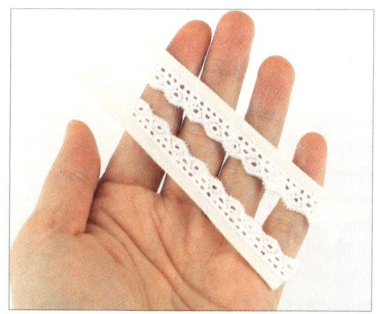

09 접어서 다림질합니다.

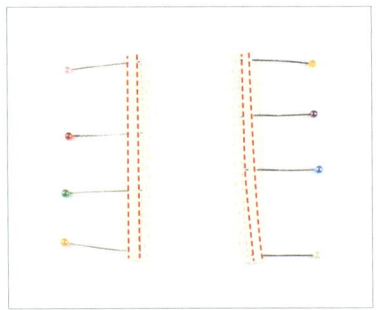

10 접어놓은 어깨끈 사이로 레이스를 넣고
고정하여 바느질합니다.

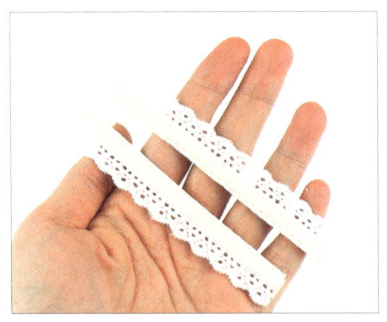

11 칼라를 달아준 모습입니다.

12 허릿단을 준비합니다.

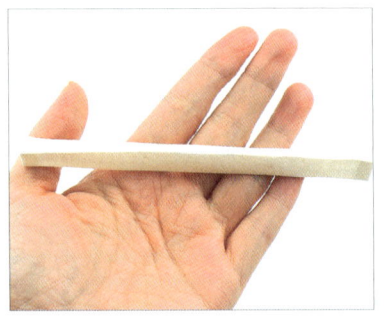

13 허릿단 위아래 시접을 접은 후 반으로
접어서 다림질합니다.

14 치마에 셔링을 잡습니다.

15 허릿단과 치마를 겉면끼리 맞대어 고정
한 후 표시된 부분을 바느질합니다.

16 허릿단 한 면을 바느질해준 모습입니다.

17 허릿단을 접어서 바느질로 마무리하고
다림질합니다.

18 어깨끈을 위치하여 고정합니다.

19 네 면을 홈질해서 마무리합니다.

20 뒤 중심에 리본끈 끝을 감침질하여 달아 줍니다.

21 뒤쪽으로 리본끈을 묶어주면 완성입니다.

핀턱 드레스 세트

ⓐ 핀턱 플레어 원피스

ⓒ 프릴 보넷

ⓑ 리넨 속치마

영화 <빨간 머리 앤>에서 앤이 입었던 핀턱 드레스를 만들어봤어요.

그린 드레스에 리넨 속치마와 프릴 보넷을 코디해서

빈티지한 매력을 끌어올렸답니다.

핀턱 플레어 원피스

실물 도안	171~172쪽
원단 크기	45×35cm, 안감/목둘레 프릴 21×12cm
부자재	스냅단추 3쌍, 진주단추 3개, 소매레이스 16cm 2줄, 고무실 20cm, 3mm 리본끈 46cm, 패브릭본드

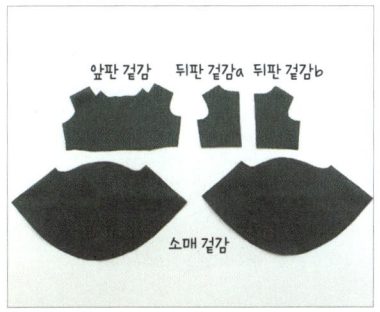

01 앞판 1장, 뒤판a 1장, 뒤판b 1장, 소매 2장을 준비합니다.

02 앞판은 표시된 부분을 접어서 핀턱주름을 만듭니다.

03 핀턱주름을 잡아준 부분을 바느질합니다.

04 뒤판의 다트를 박습니다.

05 소매끝단을 접어서 다림질합니다.

06 소매끝단을 바느질해준 모습입니다.

07 소매끝단에서 위로 2cm 부분을 표시합니다.

08 표시한 부분에 소매레이스를 맞추고 바늘에 고무실을 끼워 한 번에 주름을 잡습니다.

09 소매에 주름을 잡아준 모습입니다.

10 소매산에 주름을 잡아준 모습입니다.

11 앞판과 뒤판의 어깨를 겉면끼리 맞대어
고정한 후 표시된 부분을 바느질합니다.

12 어깨를 연결한 시접은 가름솔로 다림질
합니다.

13 암홀라인과 소매산을 겉면끼리 맞대어
고정한 후 바느질합니다.

14 소매를 달아준 모습입니다.

15 목둘레 프릴감을 준비합니다.

16 반으로 접어서 다림질합니다.

17 셔링을 잡습니다.

18 목둘레에 17을 완성선에 맞추고 고정하
여 프릴을 달아줍니다.

Tip 안감이 겹쳐서 한 번 더 바느질해야 하니 프릴
을 고정하는 바느질선은 최대한 끝 쪽으로 해주세요.

19 목둘레에 프릴을 달아준 모습입니다.

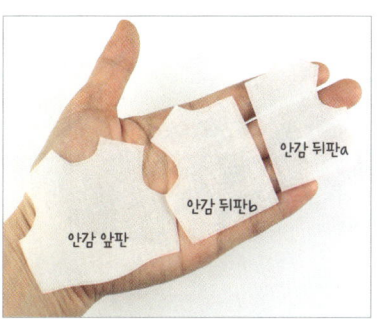

20 안감 앞판, 안감 뒤판b, 안감 뒤판a를 준비합니다.

21 안감 뒤판의 다트를 박습니다.

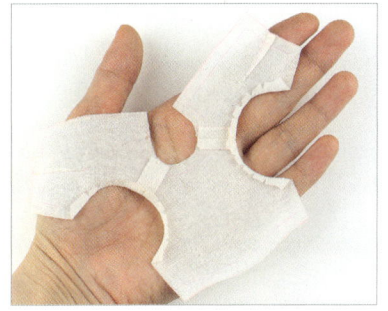

22 암홀라인에 가위집을 내서 다림질합니다.

Tip 가위집을 낼 때 너무 완성선 가까이에 오지 않도록 주의합니다.

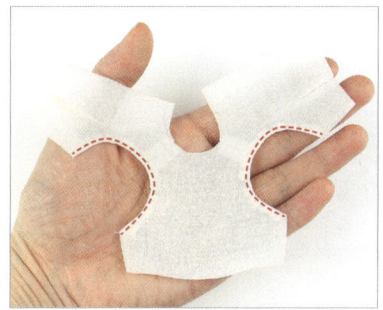

23 표시한 부분을 바느질합니다.

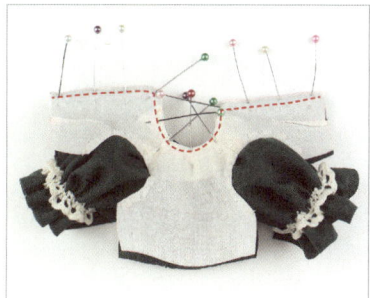

24 겉감과 안감을 겉면끼리 맞대어 고정한 후 표시된 부분을 바느질합니다.

25 목둘레에 가위집을 냅니다.

26 안감의 옆선을 겉면끼리 맞대어 고정한 후 표시된 부분을 바느질합니다.

27 겉감의 소매와 옆선을 겉면끼리 맞대어 고정한 후 표시된 부분을 바느질합니다.

28 겉면으로 정리하여 다림질하고, 표시된
부분을 바느질합니다.

29 치마의 밑단 시접을 접어서 다림질하고
바느질합니다.

30 밑단을 바느질해준 모습입니다.

31 셔링을 잡습니다.

32 31을 밑단 공간으로 넣어서 치마를 허릿
단과 맞춥니다.

33 허릿단의 시접을 잘 정리하여 치마에 맞
춰 고정한 후 표시된 부분을 바느질합니다.

34 치마를 연결해준 모습입니다.

35 치마는 패턴에 표시된 트임 부분을 남기
고 겉면끼리 맞대어 고정한 후 표시된 부분을
바느질합니다.

36 트임 부분을 접어서 바느질합니다.

37 뒤 중심에 스냅단추를 달아줍니다.

38 안감의 어깨와 옆선의 암홀 부분은 감침
질하여 고정합니다.

39 앞 중심에 진주단추를 달아줍니다.

40 3mm 리본끈 46cm와 패브릭본드를 준
비합니다.

41 앞 중심을 시작으로 리본끈을 붙입니다.

42 리본끈을 앞 중심부터 뒤 중심까지 붙여
준 모습입니다.

43 뒤 중심에서 리본끈을 묶어주면 완성입
니다.

리넨 속치마

실물 도안	172쪽
원단 크기	24×13cm
부자재	밑단레이스 47×1.5cm 1줄, 허리 고무밴드 10.5×1cm 1줄

01 치마 패턴으로 재단한 속치마 1장과 레이스를 준비합니다.

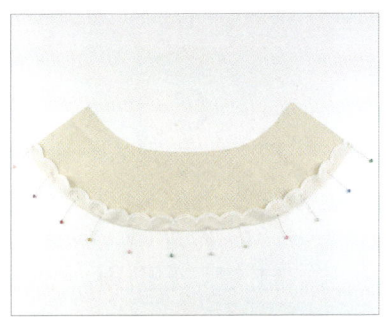

02 밑단에 레이스를 겉면끼리 맞대어 고정합니다.

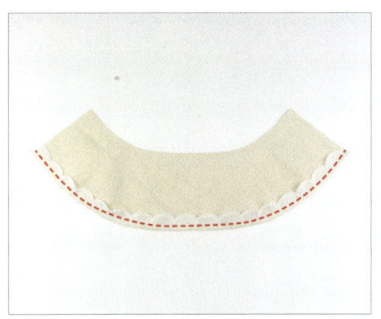

03 바느질로 레이스를 달아줍니다.

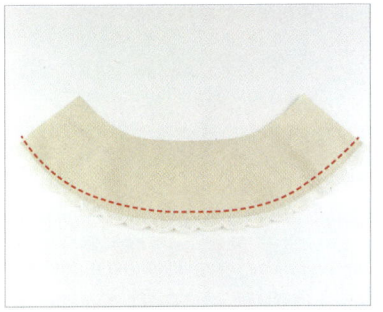

04 시접을 정리하여 다려준 후 표시한 부분에 바느질합니다.

05 허리 부분에 셔링을 잡습니다.

06 허리 고무밴드를 허리에 맞추고 고정합니다.

07 표시한 부분을 바느질합니다.

08 양 옆면을 겉면끼리 맞대어 고정한 후 표시된 부분을 바느질합니다.

09 완성한 모습입니다.

프릴 보넷

실물 도안	182쪽
원단 크기	21×27cm
부자재	레이스줄 40cm 1줄, 챙 레이스 40×1.5cm 1줄, 접착심지 15×5cm

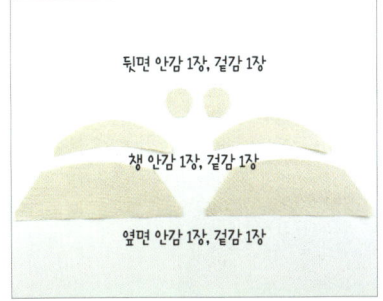

01 뒷면 안감 1장, 겉감 1장, 챙 안감 1장, 겉감 1장, 옆면 안감 1장, 겉감 1장을 준비합니다.

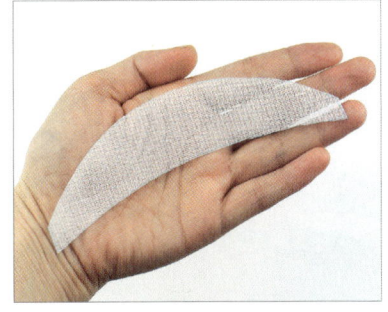

02 챙에 부착할 접착심지를 준비합니다.

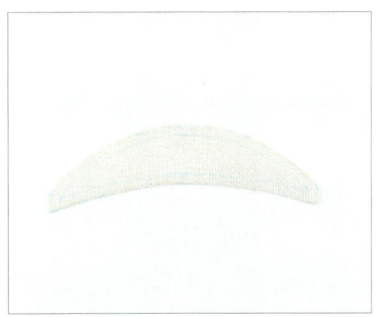

03 챙 겉감 1장 안면에 접착심지를 부착합니다.

04 챙 레이스에 셔링을 잡습니다.

05 3의 한 면에 레이스를 고정합니다. 표시된 부분을 바느질합니다.

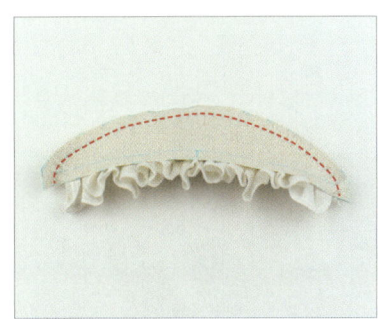

06 나머지 챙 원단을 겉면끼리 맞대어 표시된 부분을 바느질합니다.

07 곡선둘레에 가위집을 냅니다.

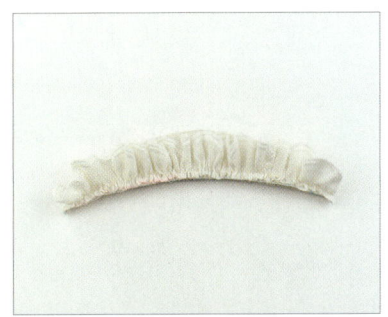

08 겉면으로 뒤집어서 정리합니다.

09 챙 앞부분은 들뜨지 않도록 겉면에서 바느질합니다.

10 옆면 겉감은 패턴에 표시된 부분에 셔링
을 잡습니다.

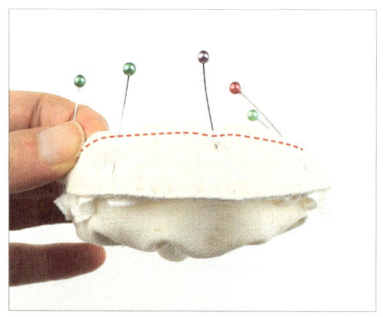

11 셔링을 잡은 반대편에 9를 겉면끼리 맞
대어 고정한 후 표시된 부분을 바느질합니다.

12 챙을 정리해준 모습입니다.

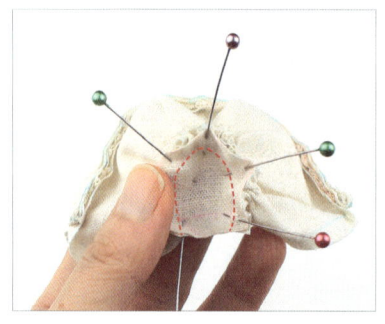

13 뒷면 겉감과 12를 겉면끼리 맞대어 고정
한 후 표시된 부분을 바느질합니다.

14 뒷면과 옆면을 바느질해준 겉감 모습입
니다.

15 안감도 똑같이 뒷면과 옆면을 바느질해
서 준비합니다.

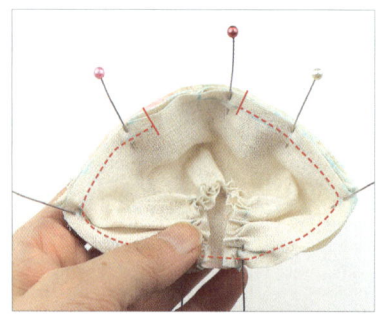

16 겉감과 안감을 겉면끼리 맞대어 고정합
니다. 창구멍을 남기고 표시된 부분을 바느질
합니다.

17 창구멍으로 뒤집은 모습입니다.

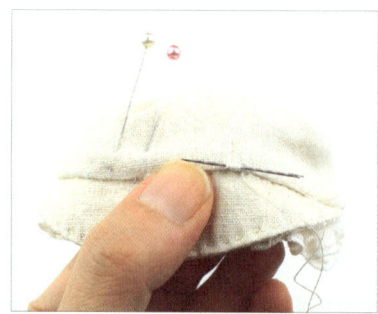

18 창구멍의 시접을 정리하여 공그르기합
니다.

19 창구멍을 정리해준 모습입니다.

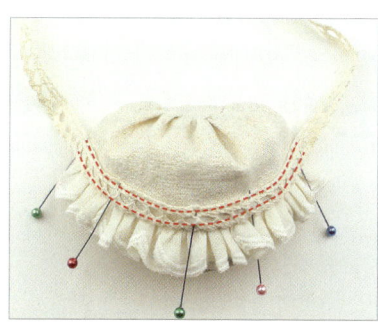

20 레이스줄을 맞춰서 고정하고 표시한 부분을 바느질합니다.

21 완성한 모습입니다.

퍼프소매 블라우스 세트

ⓐ 퍼프소매 블라우스

ⓑ 서큘러 스커트

빨간 머리 앤이 입었던 퍼프소매 블라우스를 만들어봤어요.
파란 체크 원단과 데님 스커트 원단을 사용해서
발랄한 느낌의 외출복이 되었답니다.

퍼프소매 블라우스

실물 도안	175~176쪽
원단 크기	앞판a 프릴감/칼라 안단/목둘레 안단 32×15cm, 앞판b/뒤판a/뒤판b/소매 30×15cm, 앞판a/칼라 겉감 11×17cm, 커프스 7×6cm
부자재	3mm 리본끈 27cm 1줄, 훅 1쌍, 스냅단추 3쌍

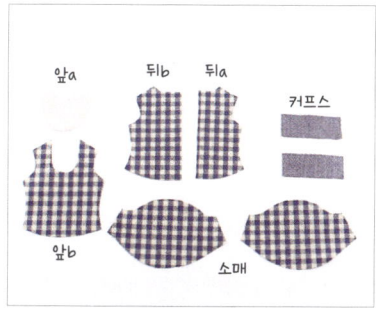

01 앞a, 앞b, 뒤b, 뒤a, 커프스 2장, 소매 2장을 준비합니다.

02 앞a 프릴감을 준비합니다.

03 반으로 접어서 다려줍니다.

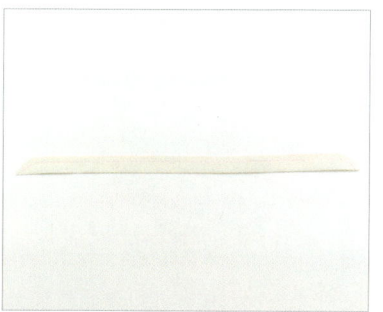

04 시접선을 그려줍니다.

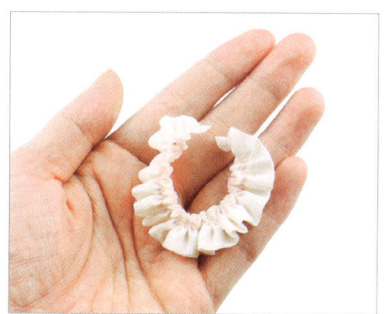

05 셔링을 잡습니다.

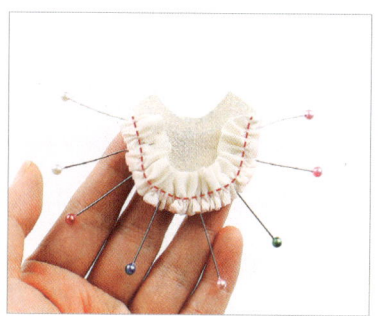

06 앞a 둘레에 5를 맞추고 고정하여 표시한 부분을 바느질합니다.

07 프릴을 달아준 모습입니다.

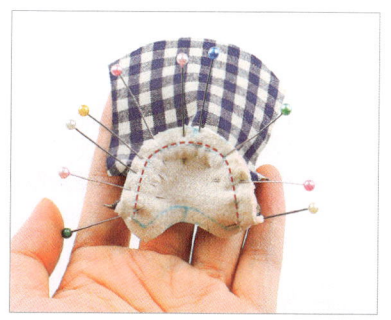

08 7과 앞b를 겉면끼리 맞대어 고정한 후 표시된 부분을 바느질합니다.

09 정리해서 다림질해준 모습입니다.

10 뒤판에 다트를 박습니다.

11 앞판과 뒤판의 어깨를 겉면끼리 맞대어 고정한 후 바느질합니다.

프릴을 접어서 맞춘다.

12 어깨를 연결할 때 프릴을 접어서 맞춰야 합니다. 프릴이 어깨에 맞물려서 들어가지 않도록 주의합니다.

13 어깨를 연결해준 모습입니다.

14 소매 밑단에 셔링을 잡습니다.

15 커프스는 반으로 접어서 다려줍니다.

16 시접을 표시합니다.

17 소매산에 셔링을 잡습니다. 소매밑단과 커프스를 겉면끼리 맞대어 고정한 후 표시된 부분을 바느질합니다.

18 커프스를 달아준 모습입니다.

19 암홀과 소매산을 겉면끼리 맞대어 고정한 후 소매를 연결합니다.

20 소매를 달아준 모습입니다.

21 뒤 중심에 시접을 접어서 다려줍니다.

22 뒤 중심을 바느질해준 모습입니다.

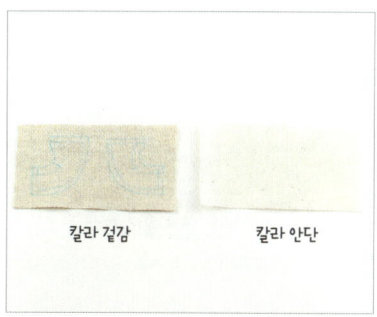

23 칼라 겉감에 칼라와 칼라의 시접을 그리고, 안단도 준비합니다.

칼라 겉감   칼라 안단

24 2장의 겉면끼리 맞대어 그려준 칼라를 바느질하고, 시접을 잘라낸 후 다림질하여 정리합니다.

뒤 중심에 칼라를 맞춘다.

여밈 부분을 띄우고 칼라를 맞춘다.

25 표시된 부분에 칼라를 맞대어 고정한 후 바느질합니다.

Tip 안단이 이중으로 바느질되기 때문에 시접선에 바느질하지 않습니다.

26 칼라를 달아준 모습입니다.

27 칼라 안단을 목둘레 겉면과 맞대어 고정한 후 표시된 부분을 바느질합니다.

Tip 시접선에 바느질합니다.

28 목둘레 곡선에 가위집을 냅니다.

29 안단을 안쪽으로 접어서 정리합니다.

30 칼라를 정리해준 앞면입니다.

31 소매와 옆선을 겉면끼리 맞대어 연결합니다. 안쪽 시접은 가름솔로 펴서 다려줍니다

32 밑단의 시접을 접어서 다려줍니다.

33 밑단을 바느질해준 모습입니다.

34 뒤쪽 칼라의 들뜨는 끝부분을 공그르기로 고정합니다.

35 뒤 중심에 훅과 스냅단추를 달아줍니다.

36 리본을 칼라 앞 중심에 고정해서 달아줍니다. 완성한 모습입니다.

서큘러 스커트

실물 도안	181쪽
원단 크기	38×25cm
부자재	4mm 금속단추 5개, 스냅단추 1쌍, 접착심지 10.5×1.4cm, 벨크로 6mm 1쌍

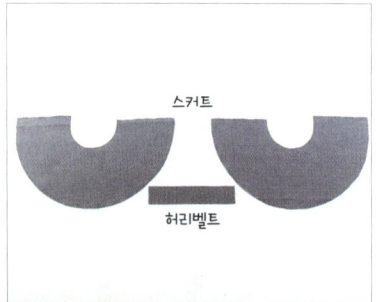

01 스커트 2장, 허리벨트 1장을 준비합니다.

02 스커트 밑단의 시접을 접어서 다림질한 후 바느질합니다.

03 시접을 바느질해준 모습입니다.

04 앞 중심의 시접을 접어서 다려줍니다.

05 앞 중심에 단추를 달아줍니다.

06 안쪽에 벨크로를 달아줍니다.

07 뒤 중심을 겉면끼리 맞대어 고정한 후 바느질합니다.

08 연결한 부분의 시접을 가름솔로 다려줍니다.

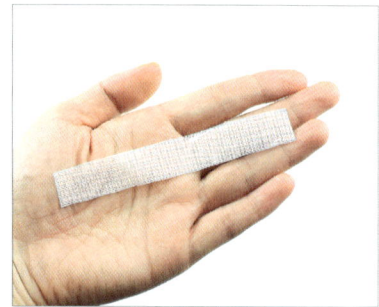

09 접착심지를 시접 없이 준비합니다.

10 허리벨트에 다림질하여 부착합니다. 반을 접어서 다려줍니다.

11 스커트에 셔링을 잡습니다.

0.5cm 접어준다.

12 허리벨트 시작과 끝부분은 0.5cm를 접어서 스커트 허리 부분에 맞춰 고정합니다.

13 표시한 부분을 바느질합니다.

14 다림질로 허릿단을 정리합니다. 접어서 안으로 정리합니다.

15 허릿단 바로 아랫부분을 바느질하여 허릿단을 완성합니다.

16 허릿단을 바느질해준 안면입니다.

17 허릿단 접은 부분의 벌어진 곳을 감침질로 마무리합니다.

18 스냅단추를 달아주어 완성합니다. 완성한 모습입니다.

에이프런 원피스 세트

ⓐ 플랫칼라 원피스

ALM ·

ⓑ 속바지

ⓒ 어깨셔링 앞치마

빨간 머리 앤이 평상복으로 입는 에이프런 원피스 세트예요.

원래 앤이 입는 에이프런에는 어깨 셔링이 없지만 넣어주어

조금 사랑스럽게 표현해봤답니다.

플랫칼라 원피스

실물 도안	178쪽
원단 크기	겉감 21×40cm, 안감 20×8cm
부자재	스냅단추 3쌍

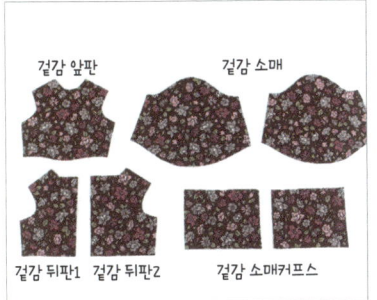

01 겉감 앞판 1장, 겉감 소매 2장, 겉감 뒤판 1 1장, 겉감 뒤판2 1장, 겉감 소매커프스 2장을 재단합니다.

02 뒤판의 다트를 박아줍니다.

03 앞판과 뒤판의 어깨를 겉면끼리 맞대어 고정한 후 표시된 부분을 바느질합니다.

04 연결해준 시접은 가름솔로 펴서 다림질합니다.

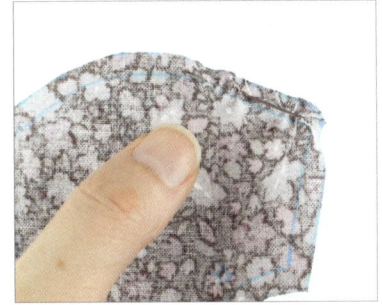

05 소매끝단에 주름을 잡아줍니다.

06 소매끝단에 주름을 잡아준 모습입니다.

07 소매커프스 2장은 반으로 접어서 다림질합니다.

08 소매커프스와 소매끝단을 겉면끼리 맞대어 고정한 후 표시된 부분을 바느질합니다.

09 커프스를 연결해준 모습입니다.

10 소매산을 오그려줍니다.

11 암홀라인에 소매산을 맞추고 시접을 연결합니다.

12 소매를 연결해준 모습입니다.

13 원단을 반으로 접어 칼라 2장을 그린 후 표시된 부분을 바느질합니다.

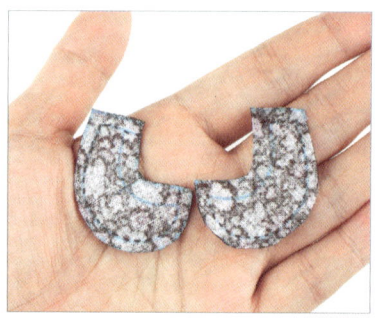

14 시접은 밑둘레 0.3cm, 목둘레 0.5cm 정도를 남기고 잘라냅니다.

15 겉면으로 뒤집은 후 다림질하여 정리합니다.

16 목둘레에 칼라를 맞춰서 표시한 부분을 바느질합니다.

안감 앞판   안감 뒤판2   안감 뒤판1

17 안감 앞판 1장, 안감 뒤판1 1장, 안감 뒤판2 1장을 재단합니다.

18 뒤판의 다트를 박아줍니다.

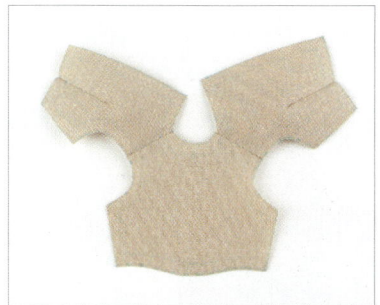

19 어깨를 연결합니다.

20 암홀의 시접에 가위집을 내고 접어서 다림질합니다.

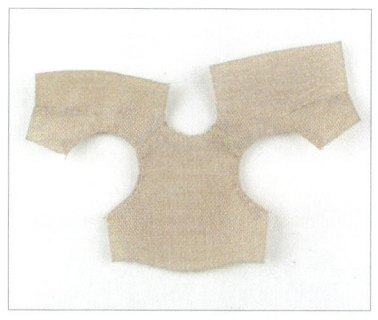

21 접어준 시접을 바느질합니다.

22 안감과 겉감을 겉면끼리 맞대고 시침핀으로 고정합니다.

23 뒤 중심과 목둘레를 바느질한 모습입니다.

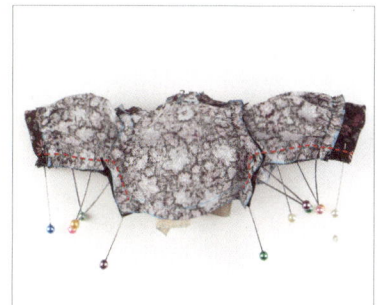

24 겉감의 소매부터 옆선을 겉면끼리 맞대어 고정한 후 표시된 부분을 바느질합니다.

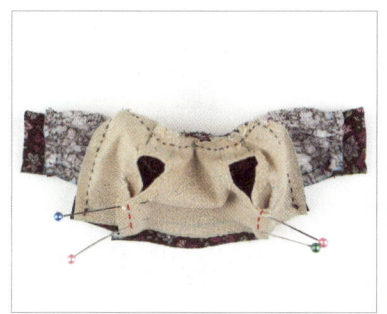

25 안감의 옆선을 겉면끼리 맞대어 고정한 후 표시된 부분을 바느질합니다.

26 정리해준 안면의 모습입니다.

27 정리해준 겉면의 모습입니다.

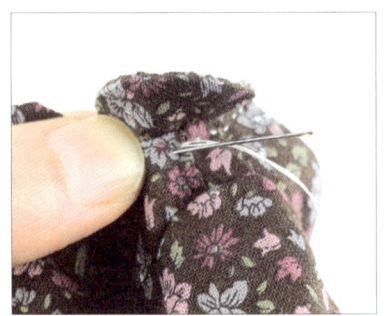

28 칼라 밑부분을 바느질합니다.

Tip 칼라가 들뜨지 않습니다.

치마길이 30×8cm

29 치마 1장을 재단한 후, 시접을 사방 0.5cm 그려줍니다.

30 치마 밑단의 시접을 접어서 바느질합니다.

31 치마 허릿단에 주름을 잡아줍니다.

32 몸판 밑단의 시접을 접어서 다려줍니다.

33 시접 안쪽에 치마를 넣고 시침핀으로 고정합니다.

34 바느질해준 안면의 모습입니다.

35 바느질해준 겉면의 모습입니다.

36 치마 뒤 중심은 허릿단에서 2cm 내려온 지점을 시작으로 연결해주고, 시접을 가름솔로 다려줍니다.

37 뒤 중심에 스냅단추를 달아줍니다.

38 안감의 암홀 부분을 겉감의 암홀 부분에
맞춰서 어깨 부분, 옆선 윗부분만 바느질로
부착합니다.

39 완성된 겉면의 모습입니다.

속바지

실물 도안	176~177쪽
원단 크기	40×12cm
부자재	허리 안단 실크 접착심지 15×7cm, 고무실 15cm, 스냅단추 2쌍

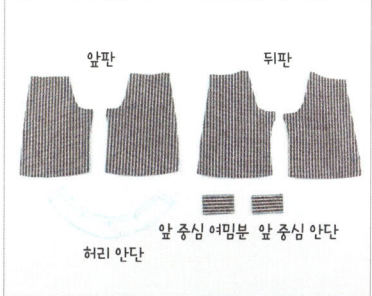

01 앞판 2장, 뒤판 2장, 허리 안단 1장, 앞 중심 여밈분 1장, 앞 중심 안단 1장

02 겉감의 패턴에 표시된 부분을 시작으로 아래쪽을 연결합니다. 앞 중심의 시접을 접어서 다려줍니다.

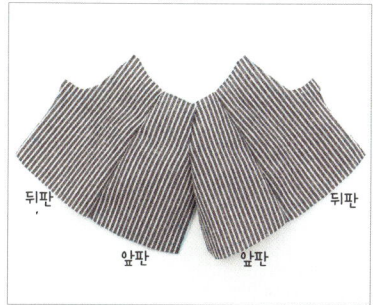

03 앞판과 뒤판의 옆선을 서로 각각 연결합니다.

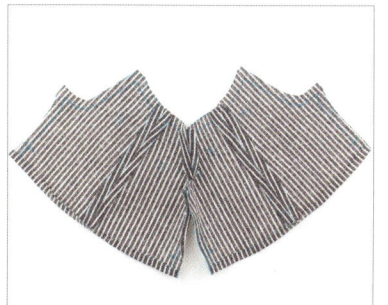

04 밑단의 시접을 접어서 다려줍니다.

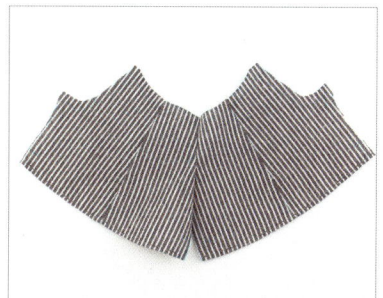

05 밑단을 바느질해준 모습입니다.

06 앞 중심 여밈분과 안단은 아래쪽 한 면을 0.3cm 접어서 다려줍니다.

07 반으로 접어 다려줍니다.

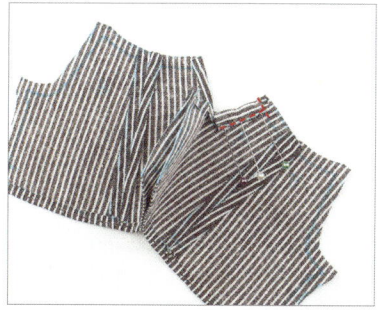

08 앞 중심 안단은 허릿단 시접을 띄우고 사진에 표시된 위치에 맞춰 시침핀으로 고정하고 바느질합니다.

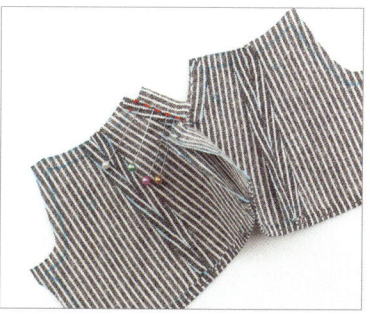

09 앞 중심 여밈분은 허릿단 시접을 띄우고 끝 쪽으로 맞춰 시침핀으로 고정하고 바느질합니다.

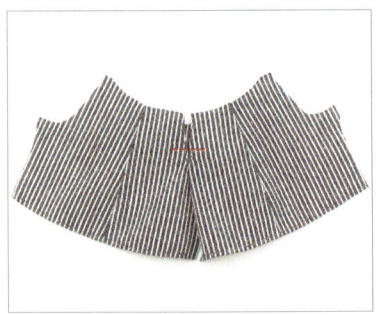

10 앞 중심 아래쪽이 벌어지지 않도록 바느질합니다.

11 앞 중심에 안단과 여밈분을 달아준 모습입니다.

여밈분

안단

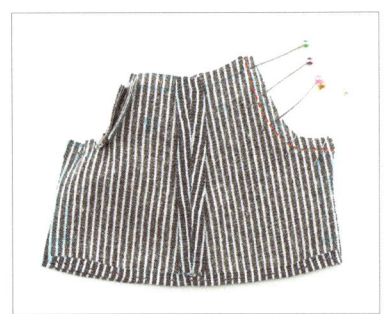

12 뒤판의 겉면끼리 맞대어 고정한 후 표시된 부분을 바느질합니다.

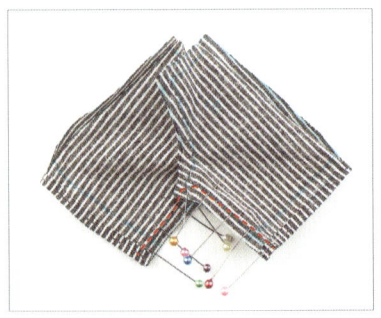

13 밑아래의 겉면끼리 맞대어 고정한 후 표시된 부분을 바느질합니다.

14 표시한 곡선 부분까지만 가위집을 내줍니다.

15 밑아래 시접을 가름솔로 펴서 다려줍니다.

16 패턴에 표시된 부분을, 고무실로 주름을 잡아줍니다.
밑단에 주름을 잡아준 모습입니다.

17 허릿단 안단 처음과 끝부분의 시접을 접은 후 허릿단과 겉면끼리 맞대고 시침핀으로 고정합니다. 표시된 부분을 바느질합니다.

18 안단을 안면으로 꺾어서 다림질해 부착합니다. 앞 중심에 스냅단추를 달아주어 완성합니다.

어깨셔링 앞치마

실물 도안 183쪽
원단 크기 26×30cm, 망사 15×3cm 2장

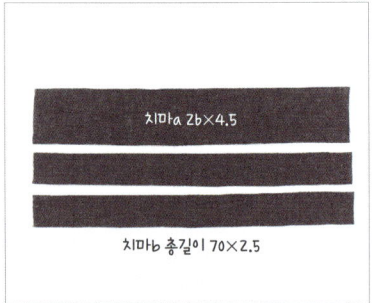

01 치마a 1장, 치마b 2장을 재단합니다. 치마는 필요에 따라 총길이를 한 번에 재단해도 되고, 사진처럼 2장을 준비해서 연결해도 됩니다.

02 치마b 2장을 연결하고, 밑단의 시접을 접어서 바느질합니다.

03 주름을 잡아줍니다.

04 치마a와 주름잡은 치마b를 겉면끼리 맞대어 고정한 후 표시된 부분을 바느질합니다.

05 프릴을 겉면 쪽으로 꺾어서 연결된 부분을 한 번 더 바느질합니다.

06 주름을 잡아줍니다.

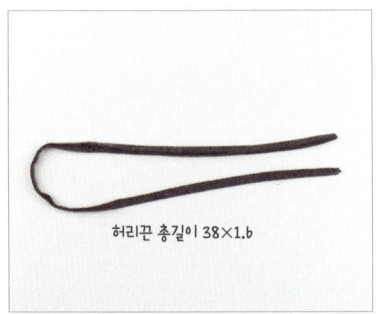

07 허리끈을 재단한 후 4등분으로 접어서 다려줍니다.

08 치마의 중심과 허리끈의 중심을 서로 맞춘 후 안쪽으로 넣습니다. 앞뒤를 공그르기해서 허리끈에 치마를 부착합니다.

09 원단을 반으로 접어 몸판을 그려주고, 둘레에 시접을 그려준 후 표시된 부분을 바느질합니다.

10 곡선 부분에 가위집을 내준 후 겉면으로 뒤집습니다. 시접을 접어 다려서 정리합니다.

11 어깨프릴감 망사원단 2장을 각각 반으로 접어 주름을 잡아줍니다.

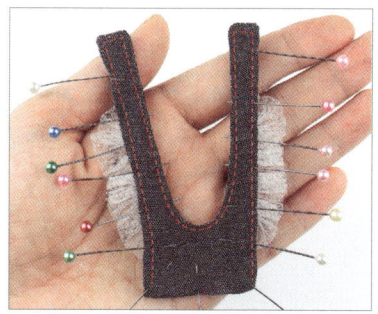

12 패턴에 표시된 부분에 맞춰 어깨프릴을 시접 사이에 넣은 후 시침핀으로 고정합니다. 표시된 부분을 바느질합니다.

13 바느질해준 모습이에요.

14 치마 중심과 몸판 중심을 맞춰서 시침핀 으로 고정합니다.

15 겉면을 먼저 공그르기해서 부착합니다.

16 안면을 공그르기해서 부착합니다.

17 어깨끈 끝부분은 치마가 끝나는 위치의 허리끈에 맞춰서 공그르기로 부착하여 완성 합니다.

머메이드 스커트 세트

ⓐ 스탠드칼라 요크셔링 블라우스

ⓒ 양면 베스트

ⓑ 머메이드 스커트

빨간 머리 앤이 성장 후 교사가 되었을 때 입던 의상을 표현해봤습니다.

블라우스 디자인과 전체적인 색감은 조금 다르지만

차분하면서 성숙미가 느껴지는 분위기가 되었네요.

스탠드칼라 요크셔링 블라우스

실물 도안	177쪽
원단 크기	37×17cm
부자재	벨크로 6mm 1쌍

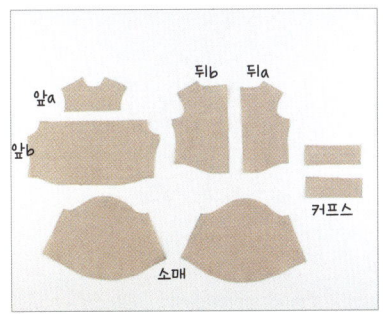

01 앞a 1장, 앞b 1장, 뒤a 1장, 뒤b 1장, 소매 2장, 커프스 2장을 준비합니다.

02 뒤판에 다트를 박습니다.

03 앞b 주름분에 셔링을 잡아줍니다.

04 앞a와 앞b를 겉면끼리 맞대어 고정한 후 표시된 부분을 바느질합니다.

05 시접을 정리해서 다려줍니다.

06 연결해준 부분을 겉면에서 바느질합니다.

07 앞판과 뒤판의 어깨를 겉면끼리 맞대고 연결합니다.

08 어깨의 시접을 가름솔로 다려줍니다.

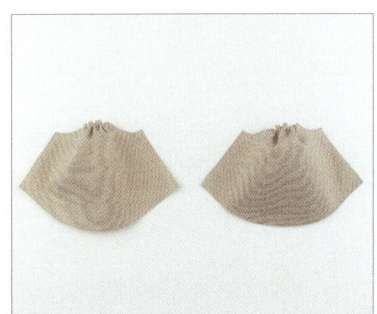

09 소매산에 셔링을 잡습니다.

10 소매끝단에 셔링을 잡습니다.

11 커프스를 반으로 접어서 다려줍니다.

12 소매끝단과 커프스를 겉면끼리 맞대어 고정한 후 표시된 부분을 바느질합니다.

13 커프스를 겉면으로 정리합니다.

14 암홀라인과 소매산을 겉면끼리 맞대어 고정한 후 바느질합니다.

15 소매를 달아준 모습입니다.

16 원단을 반으로 접어서 소매를 그려주고, 시접을 그립니다.

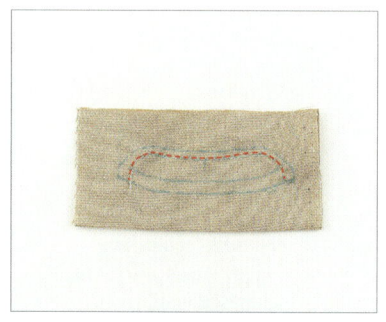

17 표시한 부분을 바느질합니다.

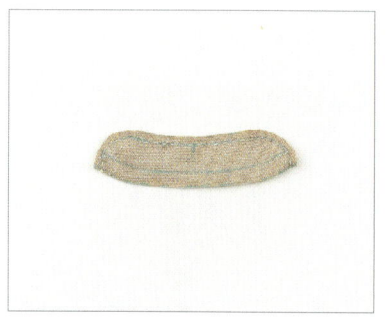

18 시접을 잘라냅니다.

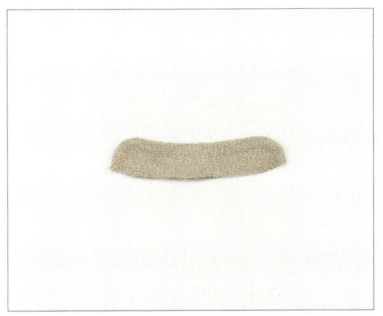

19 겉면으로 뒤집은 후 다림질하여 정리합니다.

20 뒤 중심의 시접을 접어서 다려줍니다.

21 칼라를 목둘레에 맞춰서 고정한 후 연결합니다.

22 칼라를 달아준 모습입니다.

23 소매와 옆선을 겉면끼리 맞대어 고정한 후 바느질합니다.

24 겉면으로 뒤집어서 정리합니다.

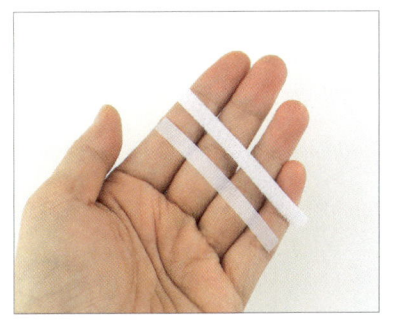

25 벨크로를 준비합니다.

Tip 인형옷 전용으로 나온 벨크로는 두껍지 않고 부드러워서 바느질하기가 수월해요.

26 뒤 중심에 벨크로를 달아주어 완성합니다.

27 완성된 모습입니다.

머메이드 스커트

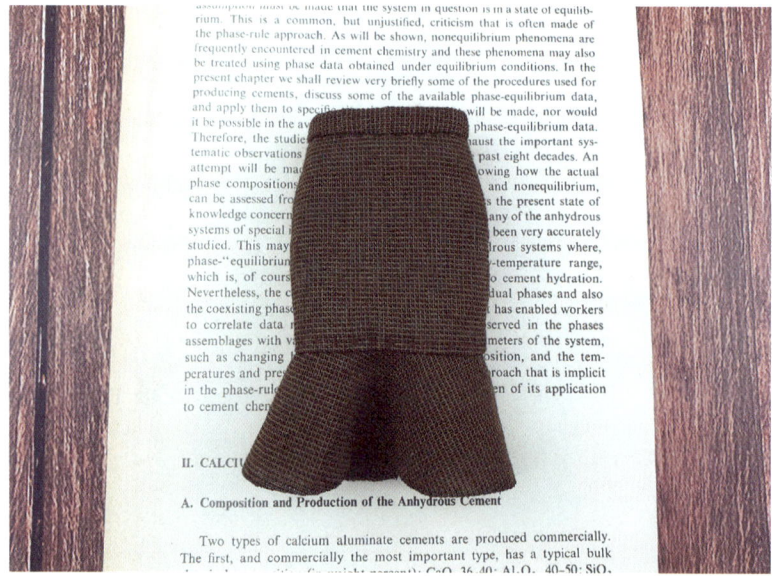

실물 도안	183쪽
원단 크기	30×25cm
부자재	스냅단추 2쌍

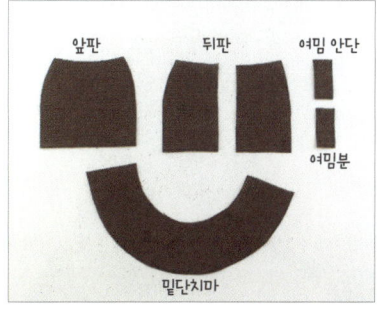

01 앞판 1장, 뒤판 2장, 여밈 안단 1장, 여밈 분 1장, 밑단치마를 준비합니다.

02 앞판의 옆선과 뒤판의 옆선을 겉면끼리 맞대어 연결합니다.

03 연결한 부분의 시접은 가름솔로 다림질 합니다.

04 3과 밑단치마를 겉면끼리 맞대어 고정한 후 표시된 부분을 바느질합니다.

05 다림질하여 시접을 정리합니다.

06 연결한 부분은 겉면에서 한 번 더 바느질 합니다.

07 뒤 중심에 트임 부분을 표시합니다.

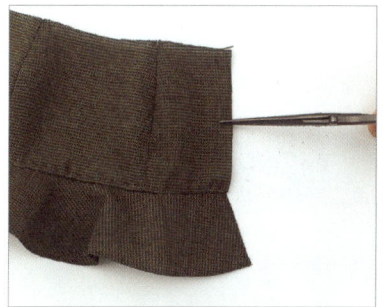

08 트임 부분에 가위집을 내줍니다.

09 가위집 내준 부분을 접어서 다려줍니다.

10 여밈 안단과 여밈분의 한쪽 시접을 0.3cm 접어서 다려줍니다.

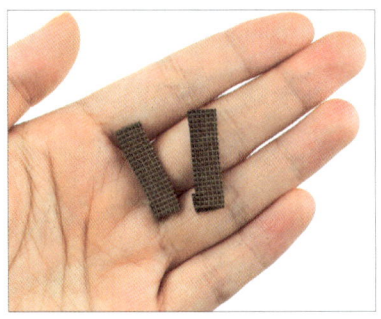

11 반으로 접어서 다려줍니다.

12 여밈분을 달아줍니다.

13 여밈 안단은 접은 부분에 맞춰서 달아줍니다.

14 여밈 안단과 여밈분을 달아준 모습이에요.

15 허리벨트는 원단을 반으로 접어서 그 위에 그려주고 시접을 그립니다.

16 반으로 접어서 다려줍니다.

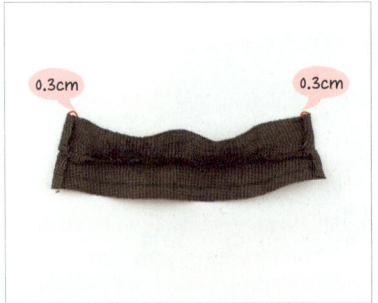

17 양옆의 시접을 0.3cm 접어서 다려줍니다.

18 허릿단과 허리벨트를 겉면끼리 맞대어 고정한 후 표시된 부분을 바느질합니다.

19 허리벨트를 반으로 접어서 다려줍니다.

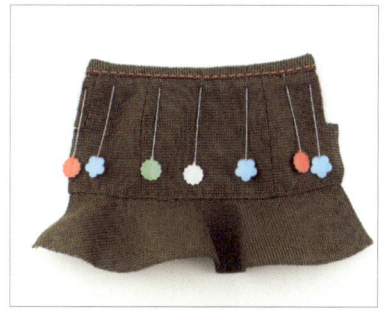

20 겉면에서 고정해줍니다.

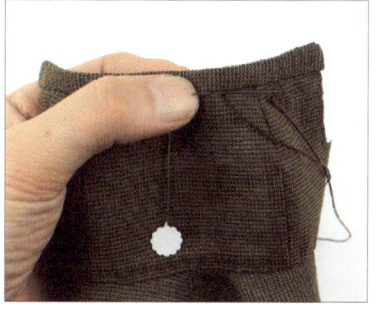

21 허릿단 바로 아래를 바느질합니다.

Tip 인형옷은 작아서 허리벨트를 접어 바느질하면 너무 두꺼워지므로 이 방식으로 하는 게 좋답니다.

22 허리벨트의 양 끝에 벌어진 부분을 감침 질로 마무리합니다.

23 허릿단을 완성한 겉면의 모습입니다.

24 허릿단을 완성한 안면의 모습입니다.

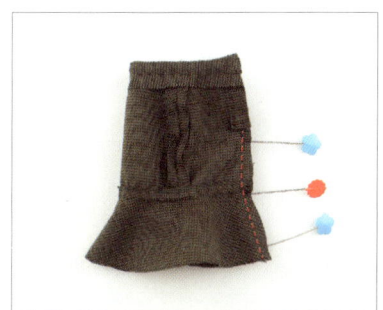

25 반을 접어서 고정한 후 바느질합니다.

26 연결한 부분의 시접을 가름솔로 다려줍 니다.

27 뒤 중심에 스냅단추를 달아서 완성합 니다.

양면 베스트

실물 도안	181쪽
원단 크기	겉감 21×9cm, 안감 21×9cm
부자재	3mm 리본끈 15cm 2줄

01 겉감 앞판 2장과 겉감 뒤판 2장을 준비합니다.

02 뒤판 2장의 다트를 박습니다.

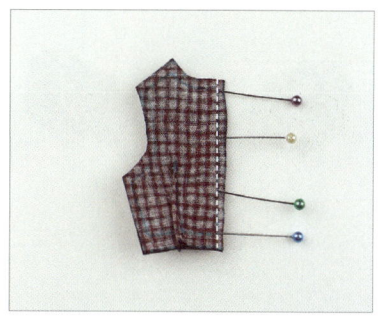

03 뒤판 2장은 뒤 중심을 겉면끼리 맞대어 고정한 후 바느질합니다.

04 뒤 중심의 시접은 가름솔로 다림질합니다.

05 앞판과 뒤판의 어깨를 겉면끼리 맞대어 고정한 후 표시된 부분을 바느질합니다.

06 어깨시접을 가름솔로 다려줍니다.

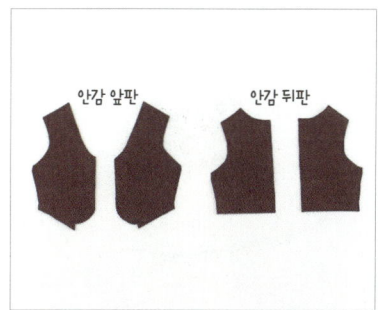

07 안감 앞판 2장과 안감 뒤판 2장을 준비합니다.

08 뒤판 2장의 다트를 박습니다.

09 뒤 중심을 연결하고 가름솔로 다려줍니다.

10 어깨를 연결하고 시접을 가름솔로 다려 줍니다.

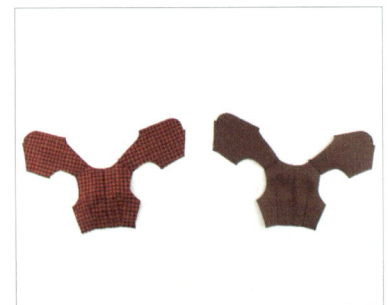

11 겉감과 안감입니다.

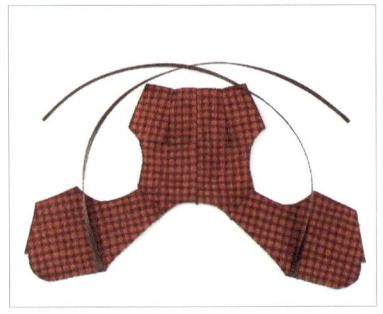

12 겉감에 리본을 바느질해서 살짝 고정합니다.

13 겉감과 안감을 겉면끼리 맞대어 앞 중심을 먼저 고정합니다. 표시된 부분을 바느질합니다.

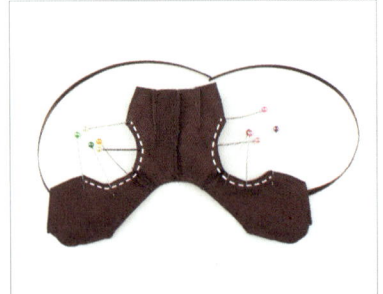

14 암홀라인을 고정한 후 표시된 부분을 바느질합니다.

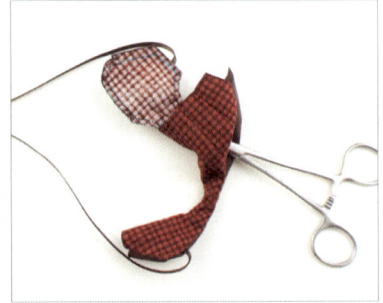

15 겸자로 뒤집어줍니다.

Tip 뒤집을 때 세게 빼면 원단이 손상될 수 있으니 힘을 빼고 살살 뒤집어주세요.

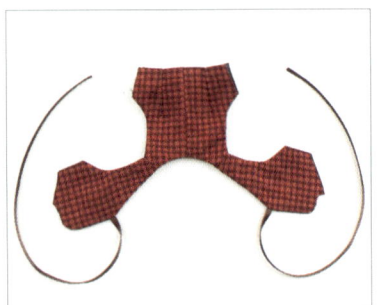

16 다림질해서 정리합니다.

17 옆선을 맞춰서 연결합니다.

18 밑단의 시접을 접어서 다려줍니다.

19 공그르기로 밑단을 마무리합니다.

20 완성한 겉면의 모습입니다.

21 완성한 안면의 모습입니다.

이너웨어 세트

ⓐ 브라탑

ⓑ 팬티

브라탑

실물 도안	178쪽
원단 크기	15×12cm
부자재	밑단 레이스 12cm, 어깨끈 레이스 13cm, 6mm 진주구슬 1개,
	미니 리본장식 1개, 4mm 스냅단추 1쌍

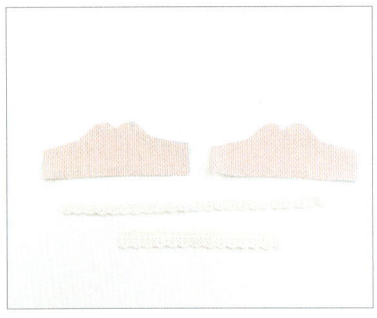

01 실물 도안으로 재단한 2장과 어깨끈 레이스, 밑단 레이스를 준비합니다.

02 밑단 레이스를 겉면끼리 맞대어 고정한 후 표시된 부분을 바느질합니다.

03 시접을 정리하여 밑단을 다림질합니다.

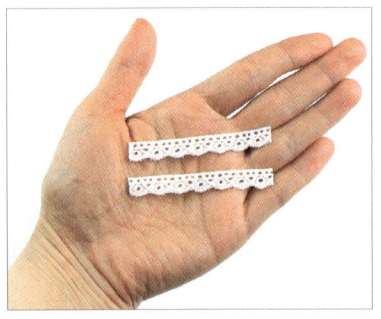

04 어깨끈 레이스는 반으로 잘라서 준비합니다.

05 레이스를 위치에 맞춰 고정하고 달아줍니다.

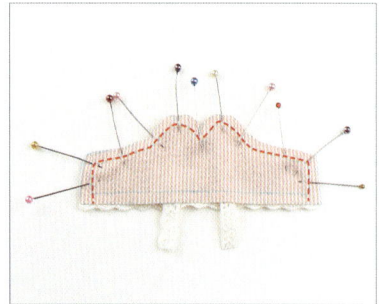

06 2장을 겉면끼리 맞대어 고정한 후 표시된 부분을 바느질합니다.

07 밑단을 제외한 시접은 반을 남기고 잘라낸 후 가운데 홈 부분에 가위집을 냅니다.

08 겉면으로 뒤집어서 정리합니다.

09 뒤쪽에 시접을 접어서 밑단에 맞추어 공그르기합니다.

여밈 부분

10 어깨끈은 뒤 중심 여밈 여유분을 남긴 위치에 고정해줍니다.

11 장식리본을 진주구슬과 함께 달아줍니다.

12 뒤 중심에 스냅단추를 달아줍니다.

13 완성한 모습입니다.

팬티

실물 도안   178쪽
원단 크기   17×7cm
부자재   고무실 20cm

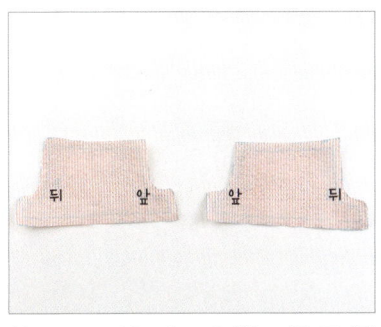

01 실물 도안을 대고 재단한 2장을 준비합니다.

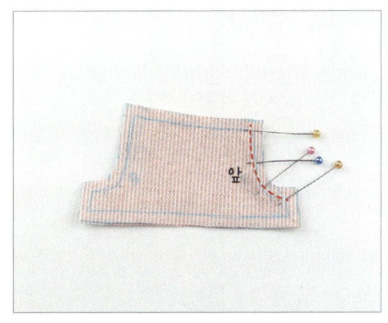

02 2장을 겉면끼리 맞대어 고정한 후 표시된 부분(앞)을 바느질합니다.

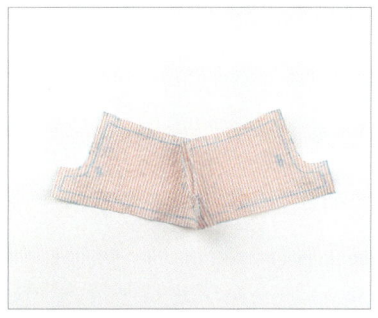

03 연결해준 모습입니다.

04 밑단의 시접을 접어서 바느질합니다.

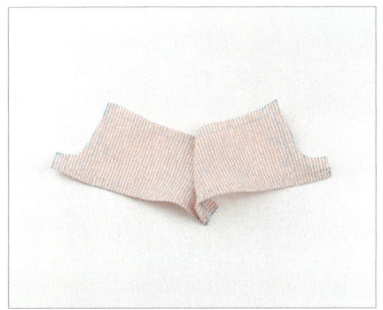

05 밑단을 바느질해준 모습입니다.

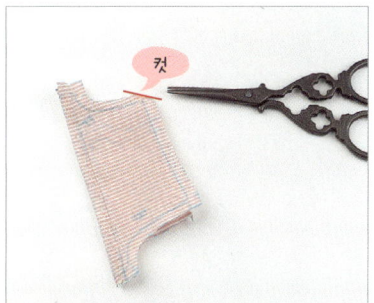

06 앞쪽 연결한 허릿단 부분에 시접을 대각선으로 잘라냅니다.

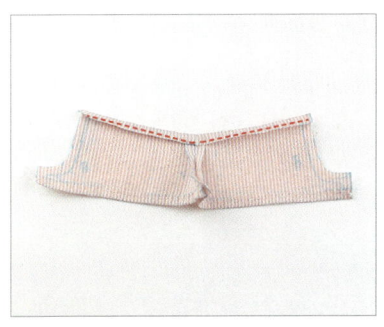

07 허릿단의 시접을 접어서 다림질하고 바느질합니다.

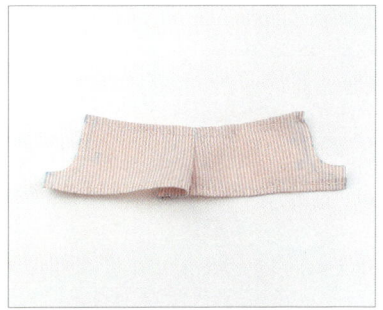

08 허릿단을 바느질해준 모습입니다.

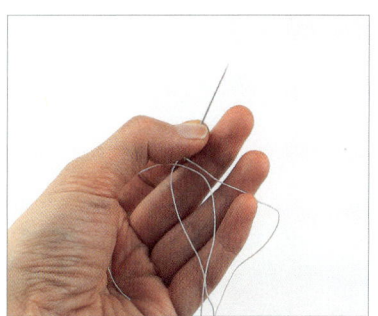

09 바늘에 고무실을 끼워줍니다.

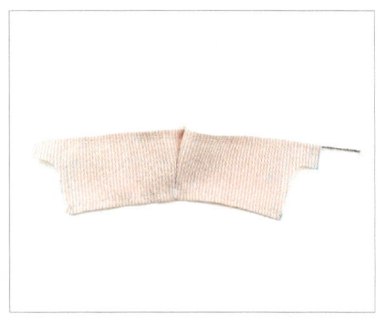

10 밑단에 각각 고무실을 끼워서 셔링을 잡습니다.

11 셔링을 잡아준 모습입니다.

12 허릿단에도 고무실을 넣어서 셔링을 잡습니다.

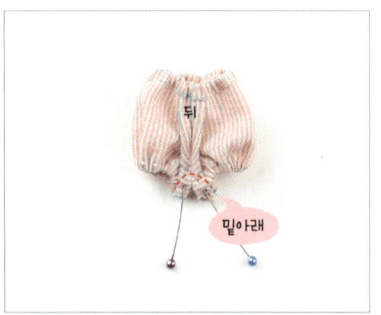

13 앞 중심을 기준으로 반을 접어서 뒤를 바느질하고, 앞과 뒤를 맞대어 밑아래를 바느질합니다.

14 완성한 모습입니다.

면타이츠

실물 도안   182쪽

원단 크기   20×18cm

부자재   4mm 고무줄 12cm

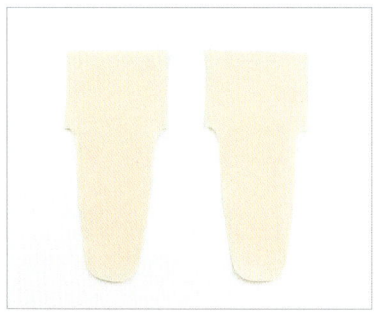

01 실물 도안을 대고 재단한 2장을 준비합니다.

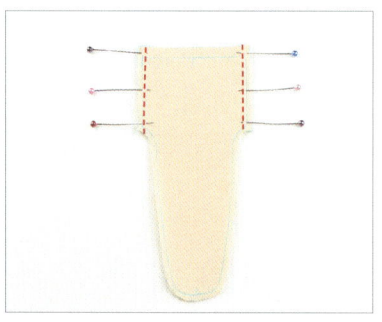

02 2장을 겉면끼리 맞대어 아랫부분을 고정합니다. 표시된 부분을 바느질합니다.

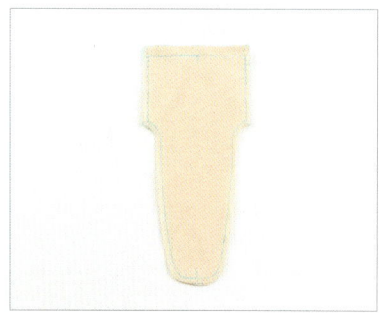

03 바느질해준 모습입니다.

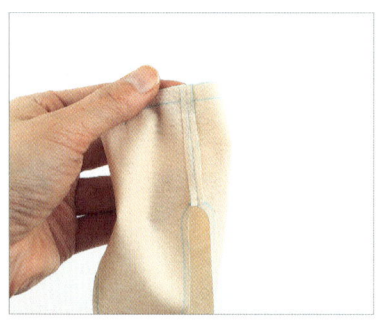

04 시접을 각각 가름솔로 다림질합니다.

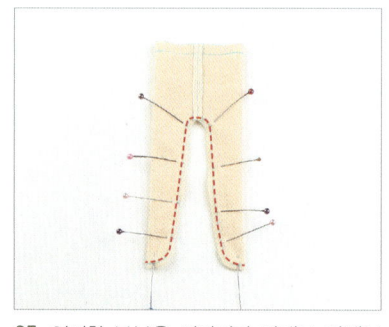

05 연결한 부분을 겉면끼리 맞대고 아랫부분을 고정하여 바느질합니다.

06 바느질해준 모습입니다.

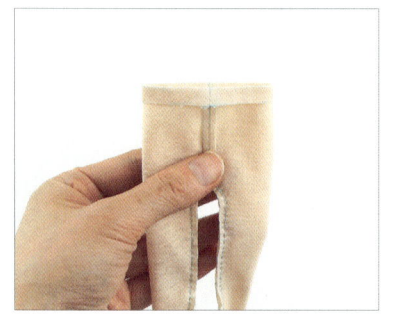

07 허릿단의 시접을 접어서 다림질합니다.

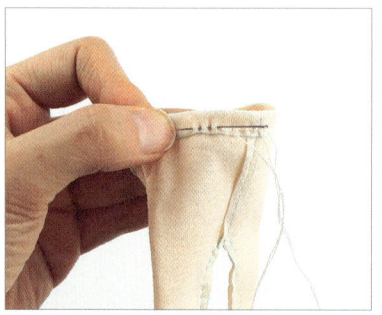

08 창구멍을 남기고 바느질합니다. 이때 실을 끊어내지 않습니다.

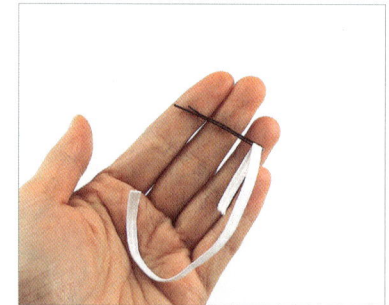

09 짧은 옷핀이나 실핀에 고무줄을 끼워줍니다.

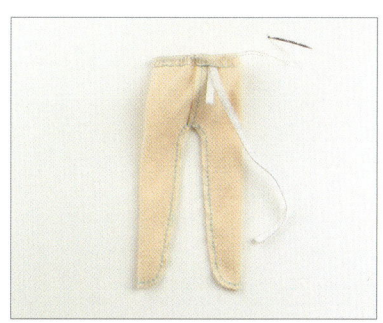

10 창구멍에 고무줄을 넣어줍니다.

11 고무줄 끝과 끝을 바느질로 연결하여 마무리하고 끝부분을 잘라냅니다.

12 허릿단의 창구멍을 마무리합니다.

13 겉면으로 뒤집어서 정리한 후 완성한 모습입니다.

프릴 이중케이프

실물 도안   180~181쪽
원단 크기   겉감 24×19cm, 안감/망토1 프릴감/망토2 프릴감 50×18cm
부자재   3mm 리본끈 42cm

01 망토1 앞판, 망토1 뒤판, 망토2 앞판, 망토 2 뒤판을 준비합니다.

02 망토1 앞판과 뒤판을 겉면끼리 맞대어 고정한 후 표시된 부분(양옆)을 바느질합니다.

03 연결한 시접을 가름솔로 다림질합니다.

04 같은 방법으로 망토2의 앞판과 뒤판을 겉면끼리 맞대어 옆선을 연결합니다.

05 연결한 시접을 가름솔로 다림질합니다.

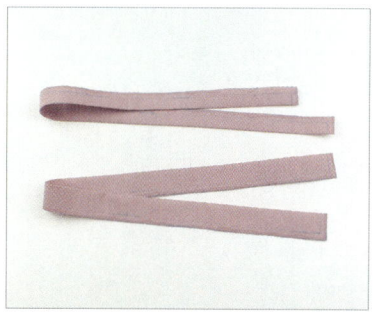

06 망토1 프릴감과 망토2 프릴감은 반을 접어서 준비합니다.

07 망토2 프릴감에 셔링을 잡아서 준비합니다.

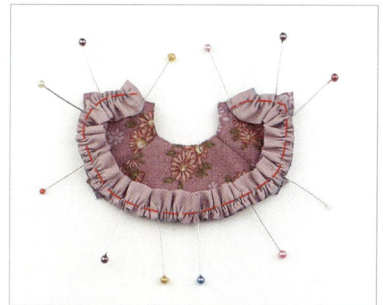

08 망토2 겉면에 프릴을 맞대어 시침하여 고정합니다.

09 망토1 프릴감에 셔링을 잡아서 준비합니다.

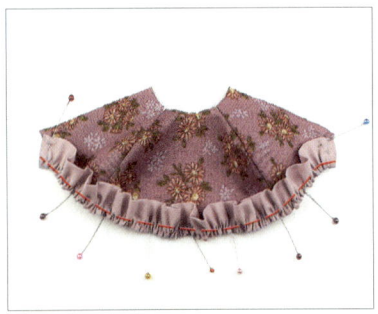

10 망토1 겉면에 프릴을 맞대어 시침하여 고정합니다.

11 안감 망토1 뒤판, 안감 망토1 앞판, 안감 망토2 뒤판, 안감 망토2 앞판을 준비합니다.

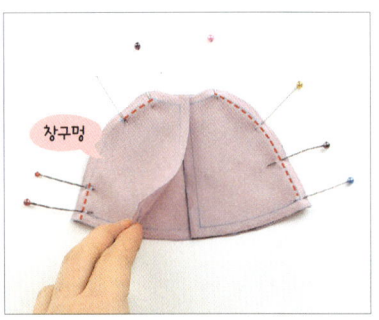

12 안감 망토1 앞판과 뒤판을 겉면끼리 맞대어 고정합니다. 옆선 한쪽에 창구멍을 남기고 표시된 부분을 바느질합니다.

13 연결한 시접을 가름솔로 다림질합니다.

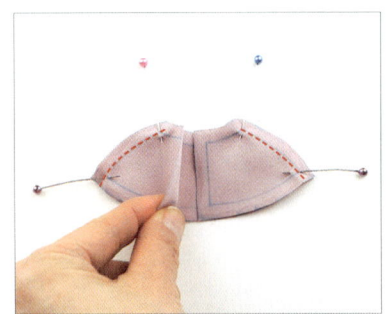

14 안감 망토2 앞판과 뒤판을 겉면끼리 맞대어 옆선을 연결합니다.

15 연결한 시접을 가름솔로 다림질합니다.

16 망토2 겉감과 망토2 안감입니다.

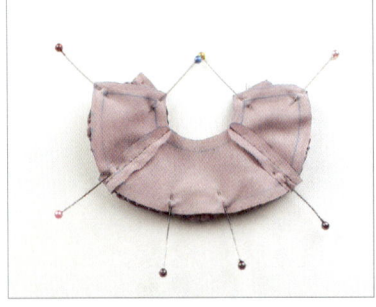

17 망토2 겉감과 안감을 겉면끼리 맞대어 고정한 후 바느질합니다.

18 겉면으로 뒤집어서 정리합니다.

19 망토1에 망토2의 안면을 맞대어 시침하여 고정합니다

20 19와 안감을 겉면끼리 맞대어 고정한 후 전체 둘레를 바느질합니다.

21 안감의 창구멍으로 뒤집어서 정리하고 창구멍의 시접을 공그르기로 마무리합니다.

22 리본끈을 달아줍니다.

23 완성한 모습입니다.

원숄더 블랙 & 레드 드레스

실물 도안	179쪽, 181쪽
원단 크기	앞a/치마a/안감 30×26cm, 뒤a/뒤b/치마b 21×25cm, 프릴감 망사 14×4cm
부자재	6mm 하트단추 3개, 5mm 스냅단추 2쌍, 3mm 리본끈 30cm,
	2mm 비즈구슬 1개

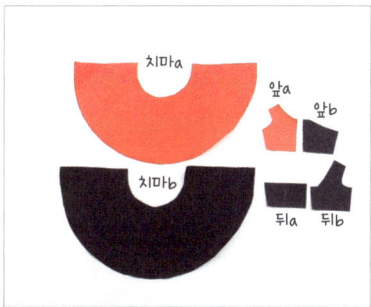

01 치마a, 치마b, 앞, 앞b, 뒤b, 뒤a를 준비합니다. 치마 패턴은 '서큘러 스커트'의 치마 패턴을 사용해서 그려줍니다.

02 앞a와 앞b의 다트를 박습니다.

03 2장을 겉면끼리 맞대어 고정한 후 표시된 부분을 바느질합니다.

04 시접을 가름솔로 다림질합니다.

05 하트단추 3개를 달아줍니다.

06 뒤판a와 뒤판b의 다트를 박습니다.

07 앞판과 뒤판의 어깨를 연결합니다.

08 시접을 가름솔로 다림질합니다.

09 프릴감에 셔링을 잡습니다.

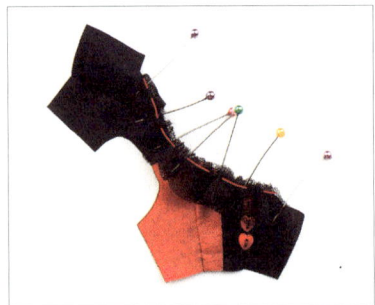

10 9를 잘 맞대어 시침합니다.

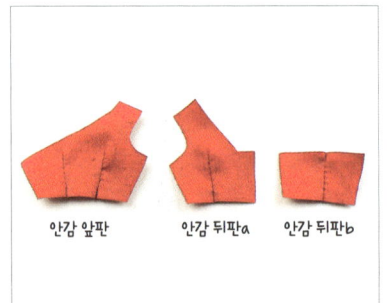

안감 앞판   안감 뒤판a   안감 뒤판b

11 안감을 준비하여 앞판과 뒤판의 다트를 박습니다. 안감 앞판은 앞판a와 앞판b의 패턴을 붙여서 연결하여 그립니다.

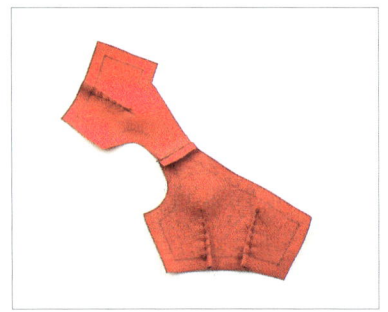

12 앞판과 뒤판의 어깨를 연결하고, 시접을 가름솔로 다림질합니다.

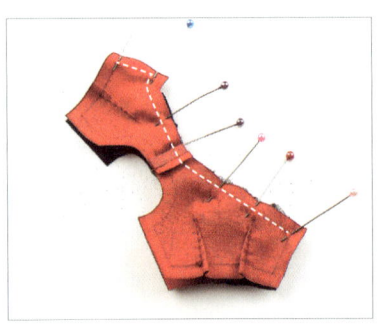

13 겉감과 안감을 겉면끼리 맞대어 고정한 후 표시된 부분을 바느질합니다.

14 시접에 가위집을 냅니다.

15 겉면으로 정리해줍니다.

16 겉감과 안감의 암홀라인에 가위집을 냅니다.

17 겉감과 안감의 암홀시접을 접어서 서로 맞대어 공그르기합니다.

Tip 어깨폭이 넓으면 안감과 겉감을 박음질한 후 어깨로 뒤집으면 되지만, 폭이 좁은 패턴이라 암홀라인의 시접을 각각 접고 맞대어 바느질하는 것입니다.

18 암홀라인을 다림질하여 정리합니다.

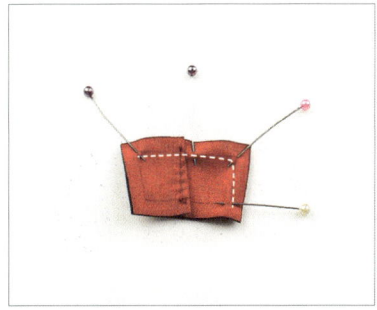

19 겉감 뒤b와, 안감 뒤b를 겉면끼리 맞대어 고정한 후 표시된 부분을 바느질합니다.

20 한쪽 모서리 부분의 시접을 대각선으로 잘라내고, 겉면으로 뒤집은 후 다림질하여 정리합니다.

21 어깨가 없는 쪽 옆선에 20을 각각 안감과 겉감을 겉면끼리 맞대어 고정한 후 표시된 부분을 바느질합니다.

22 겉면에서 정리하여 다림질합니다.

23 어깨가 있는 쪽 옆선에 안감과 겉감을 겉면끼리 맞대어 연결합니다.

24 겉면에서 정리하여 다림질합니다.

25 치마a와 치마b를 겉면끼리 맞대어 연결하고, 밑단을 접어서 다림질합니다.

26 밑단을 바느질합니다.

27 셔링을 잡습니다.

28 앞판 허릿단에 27을 맞추고 바느질합니다.

29 안감의 허릿단을 접어서 맞추어 바느질합니다. (바느질 방법은 서큘러 스커트 17번 과정을 참조하세요.)

30 허릿단을 바느질해서 정리해준 모습입니다.

31 뒤 중심을 겉면끼리 맞대어 고정합니다. 트임 부분을 남기고 표시된 부분을 바느질합니다.

32 시접을 가름솔로 다림질합니다.

33 스냅단추를 달아줍니다.

34 리본끈은 리본을 묶어서 준비합니다.

35 리본 중심에 비즈구슬을 달아서 어깨에 리본을 고정합니다.

36 완성된 모습입니다.

오프숄더 언밸런스 드레스

실물 도안	166~167쪽
원단 크기	겉감 31×43cm, 안감 20×7cm
부자재	코사지 장식용 망사원단 5×10cm 1장, 4mm 구슬 2개, 스냅단추 2쌍, 꽃모티브 레이스 20개

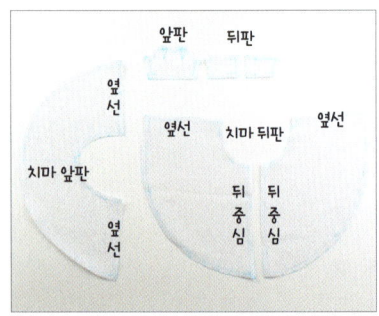

01 앞판, 뒤판, 치마 앞판, 치마 뒤판을 준비합니다.

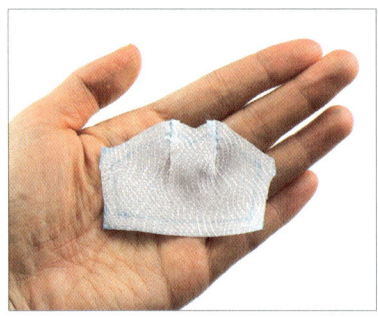

02 앞판의 다트를 박습니다.

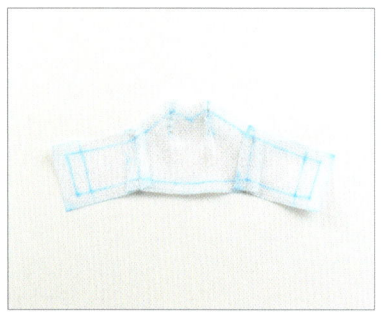

03 앞판과 뒤판의 옆선을 겉면끼리 연결하고, 시접을 가름솔로 다림질합니다.

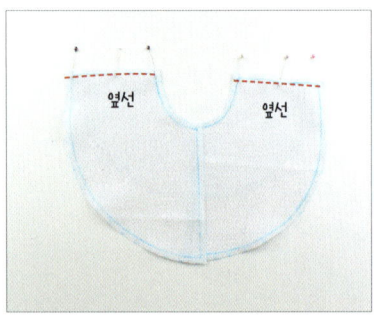

04 앞판과 뒤판의 치마 옆선을 겉면끼리 맞대어 고정한 후 바느질합니다.

05 연결한 옆선의 시접을 가름솔로 다림질합니다.

06 밑단을 접어서 바느질합니다.

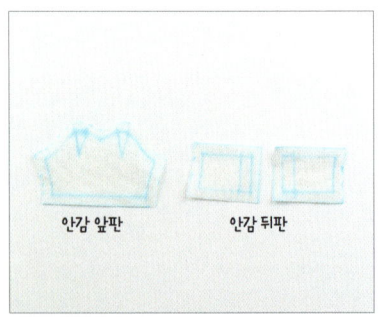

07 안감 앞판, 안감 뒤판을 준비합니다.

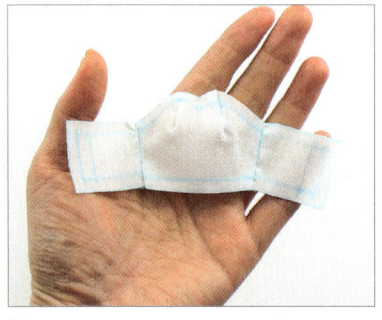

08 안감의 앞판과 뒤판의 옆선을 겉면끼리 연결하고, 시접을 가름솔로 다림질합니다.

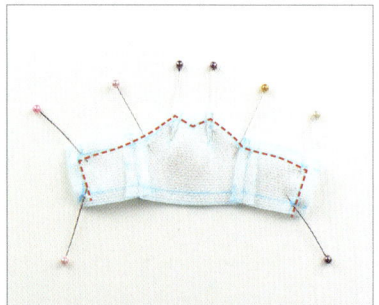

09 겉감과 안감을 겉면끼리 맞대어 고정한 후 표시된 부분을 바느질합니다.

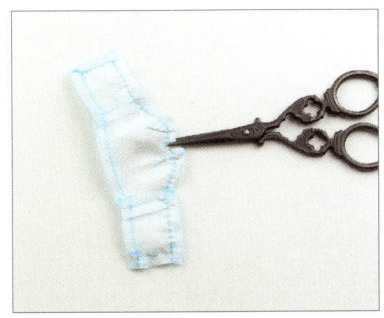

10 곡선 부분에 가위집을 냅니다.

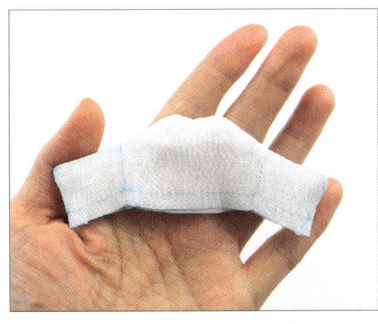

11 겉면으로 뒤집어서 정리합니다.

12 6의 허릿단에 셔링을 잡습니다.

13 여밈 부분 한쪽의 뒤 중심 시접은 접고 겉감의 겉면에 12를 맞대어 고정한 후 바느질합니다.

14 겉감에 치마를 달아준 모습입니다.

15 안감의 시접을 정리하여 치마와 잘 맞추어 고정하여 마무리합니다.

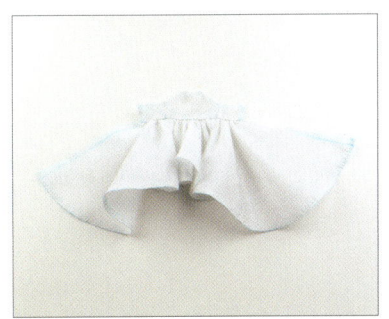

16 치마를 달아준 모습입니다.

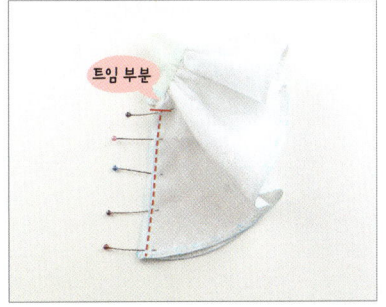

17 뒤 중심을 겉면끼리 맞대어 고정합니다. 트임 부분을 남기고 표시된 부분을 바느질합니다.

18 뒤 중심 연결한 시접을 가름솔로 다림질합니다.

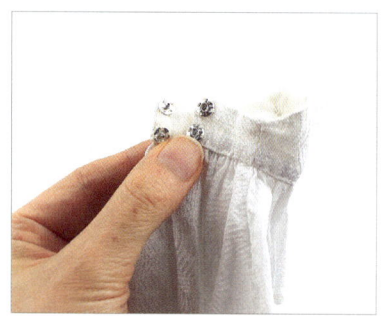

19 뒤 중심에 스냅단추를 달아줍니다.

20 코사지 원단 중심에 셔링을 잡아서 모양
을 만들고, 구슬 2개를 달아 완성한 후 달아
줍니다.

21 꽃모티브 레이스를 준비합니다.

22 치마에 꽃모티브를 달아 완성한 모습입
니다.

보트 네크라인 이중프릴 원피스

실물 도안	175쪽
원단 크기	겉감 56×22cm, 안감/앞a 16×15cm, 소매/목프릴감 망사원단 32×8
부자재	실고무 15cm, 목둘레 비즈 장식구슬 32개, 치마 장식레이스 31cm,
	스냅단추 2쌍

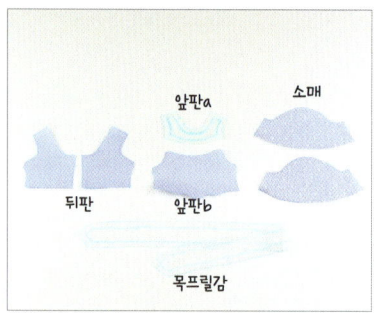

01 뒤판 2장, 앞a 1장, 앞b 1장, 소매 2장, 망사소매 2장, 목프릴감 1장을 준비합니다.

02 앞판의 다트를 박습니다.

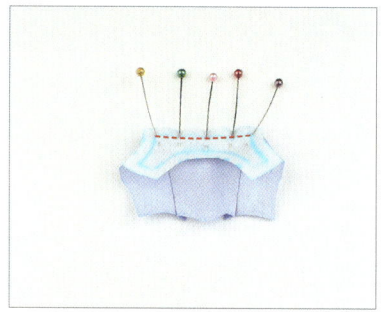

03 앞a와 앞b를 겉면끼리 맞대어 고정한 후 표시된 부분을 바느질합니다.

04 시접에 가위집을 냅니다.

05 시접을 몸판 아래로 향하게 정리하여 다림질합니다.

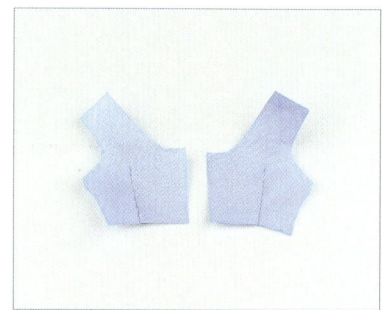

06 뒤판의 다트를 박습니다.

07 앞판과 뒤판의 어깨를 겉면끼리 맞대어 고정한 후 표시된 부분을 바느질합니다.

08 어깨 시접을 가름솔로 다림질합니다.

09 망사 목프릴감은 반을 접어 다림질합니다.

10 셔링을 잡습니다.

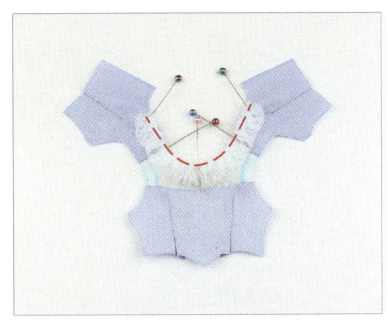

11 10을 목둘레에서 뒤판까지 이어지게 맞추고 시침하여 목프릴감을 고정합니다.

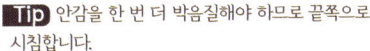

Tip 안감을 한 번 더 박음질해야 하므로 끝쪽으로 시침합니다.

12 목프릴감을 고정해준 모습입니다.

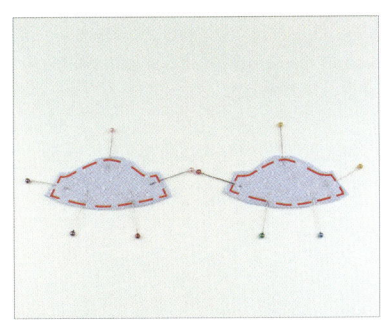

13 각각의 망사소매를 겹쳐 고정시킨 후 끝쪽으로 시침합니다.

14 소매의 밑단을 접어서 다림질합니다.

15 밑단을 바느질합니다.

16 소매산에 셔링을 잡습니다.

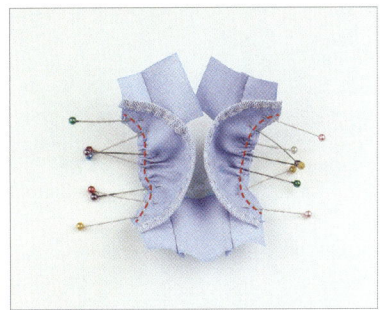

17 암홀 라인과 소매를 겉면끼리 맞대어 고정한 후 표시된 부분을 바느질합니다.

18 바늘에 고무실을 끼우고 소매끝을 접은 사이에 집어넣어 셔링을 잡습니다.

19 소매 밑단에 셔링을 잡아준 모습입니다.

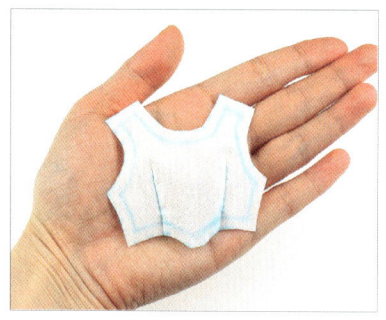

20 안감 앞판에 다트를 박습니다.

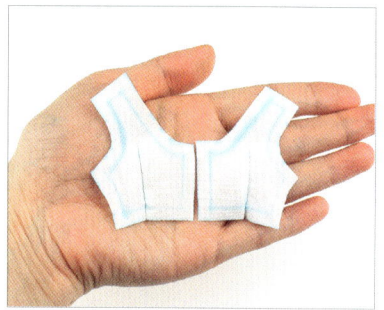

21 안감 뒤판에 다트를 박습니다.

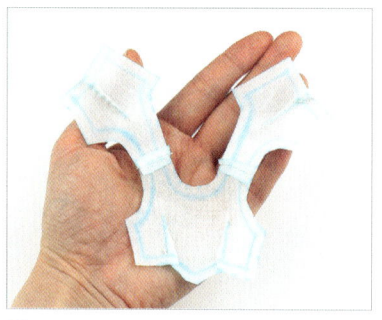

22 앞판과 뒤판의 어깨를 연결하고, 시접은 가름솔로 다림질합니다.

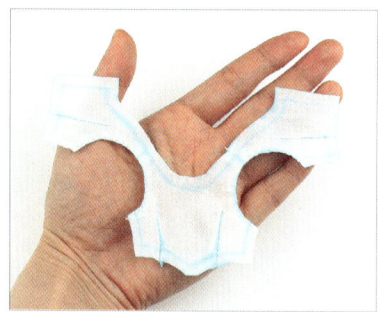

23 암홀의 시접에 가위집을 내고, 접어 다림질한 후 바느질하여 시접을 정리합니다.

24 안감과 겉감을 겉면끼리 맞대어 고정한 후 표시된 부분을 바느질합니다.

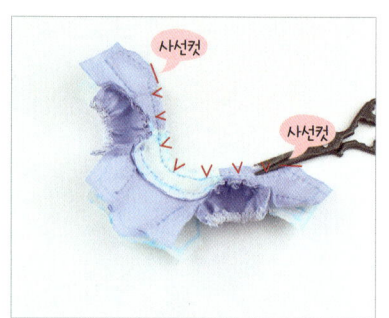

사선컷
사선컷

25 바느질한 시접은 어깨 연결 부분을 제외하고 전체를 가위집을 냅니다. 뒤판의 모서리 부분은 사선으로 잘라냅니다.

26 안감을 정리하여 다림질합니다.

27 목둘레 연결 부분에 비즈 장식 구슬을 달아줍니다.

28 안감의 옆선을 겉면끼리 맞대어 연결합니다.

29 겉감의 소매와 옆선을 겉면끼리 맞대어 연결합니다.

30 치마1 35×5.5cm를 준비합니다.

31 치마2 107×5.5cm를 준비합니다. 밑단의 한 면을 접어서 바느질합니다.

Tip 치마2의 폭은 원하는 길이감에 따라서 2~3cm 내외로 늘려도 좋습니다.

32 치마2에 셔링을 잡습니다.

33 치마1과 치마2를 겉면끼리 맞대어 고정한 후 표시된 부분을 바느질합니다.

34 시접을 정리해서 다림질합니다. 장식 레이스를 연결 부분에 맞추고 위아래로 바느질합니다.

35 34에 셔링을 잡습니다.

36 겉감 앞판부터 뒤판까지 먼저 치마를 달아줍니다.

37 안감의 시접을 정리하여 맞추고 공그르
기로 마무리합니다.

38 치마를 달아준 안면의 모습입니다.

39 치마의 뒤 중심을 겉면끼리 맞대어 고정
합니다. 트임 부분을 남기고 표시된 부분을
바느질합니다.

40 뒤 중심에 스냅단추를 달아주어 완성합
니다.

vintage fashion

부록

*

실물 크기 도안

※ 패턴 안의 숫자는 cm 기준이며, 각 패턴의 시접을 의미합니다.

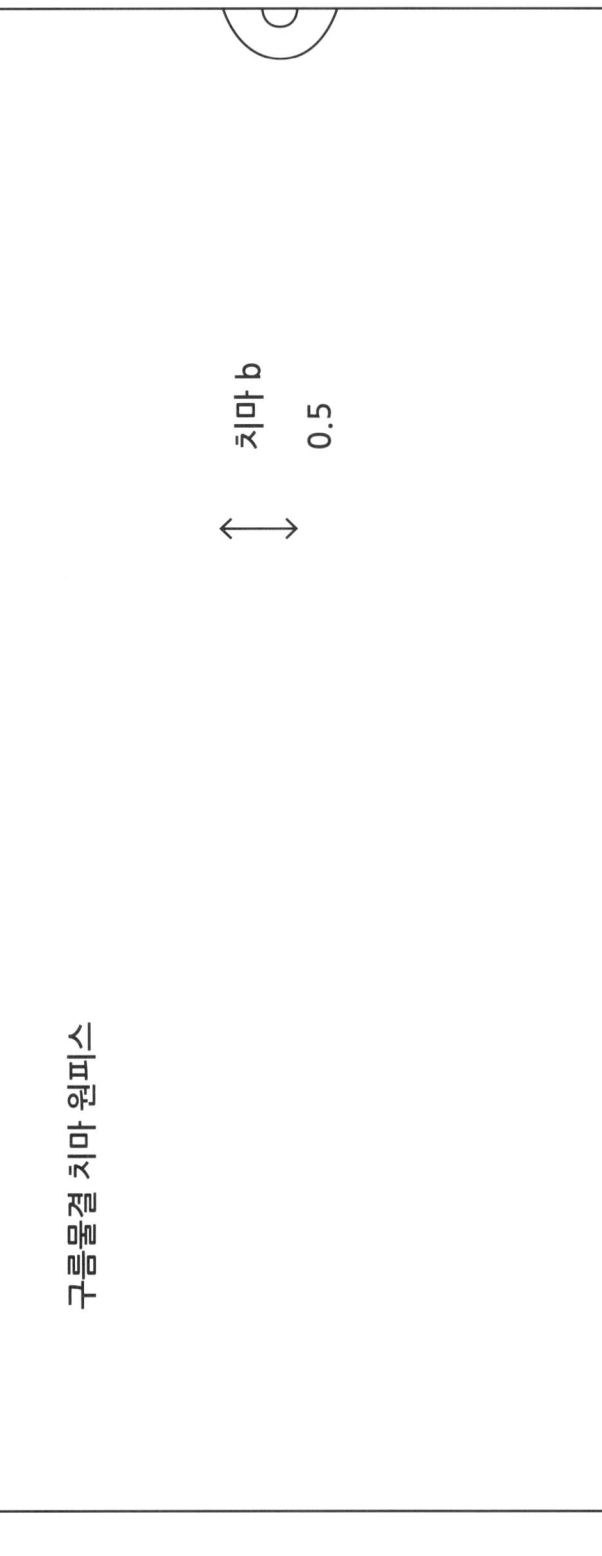

구름물결 치마 원피스

치마 b

0.5

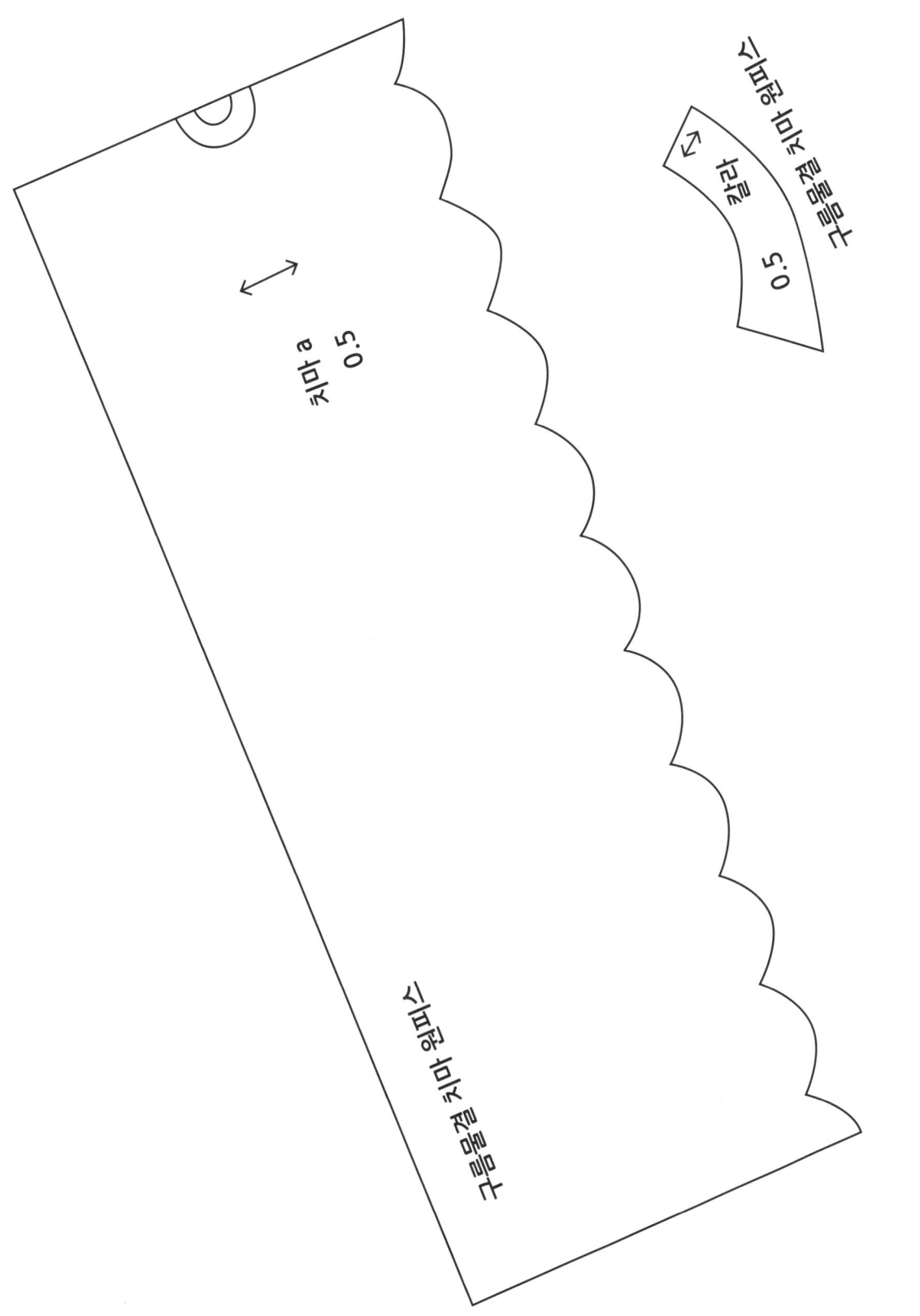

치마 a
0.5

구름물결 치마 원피스

가름솔이 필요한 부분

무릎
0.5

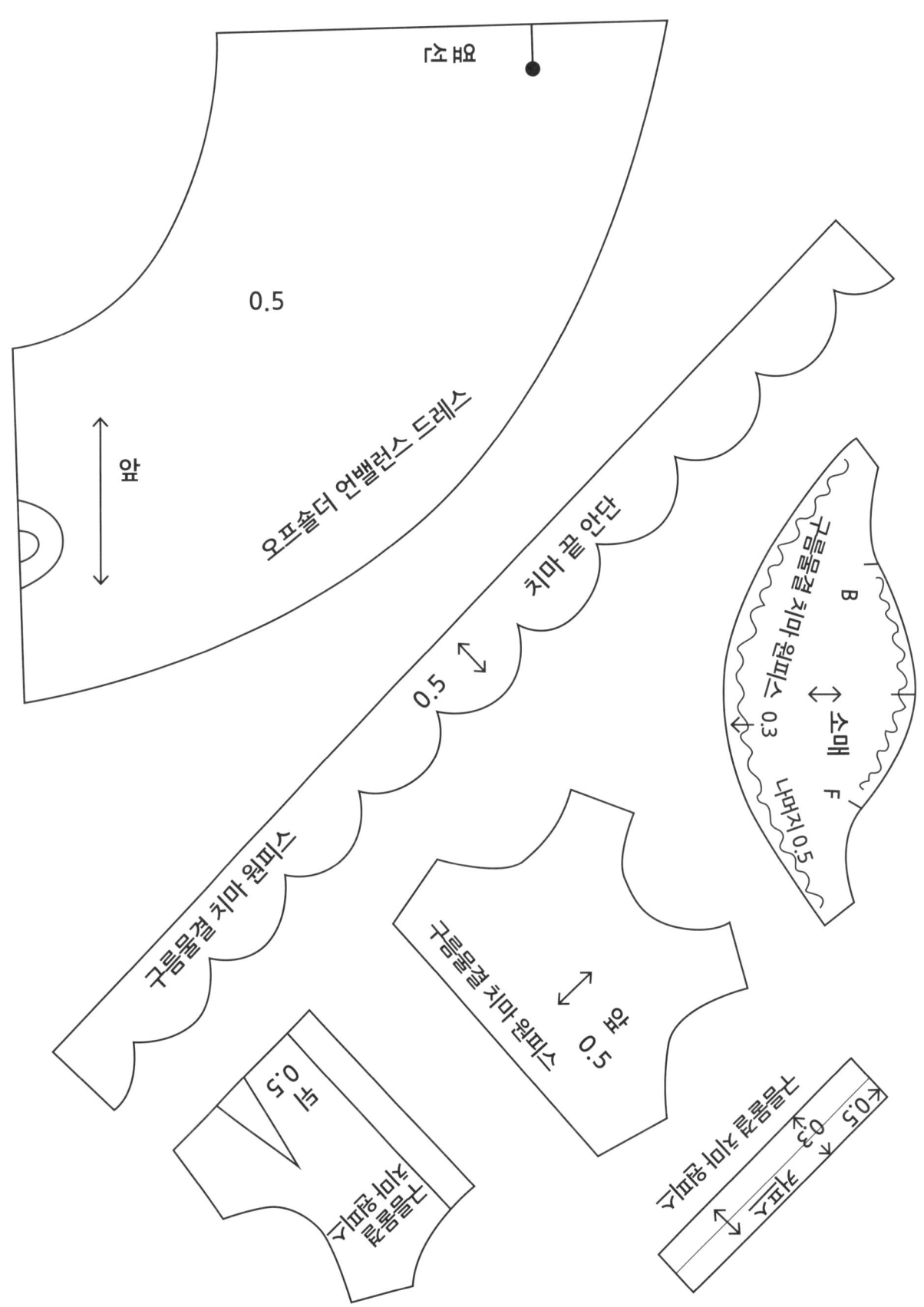

오프숄더 언밸런스 드레스

0.5

앞

요령소

치마 끝 안단

0.5

구름물결 치마 원피스

구름물결 치마 원피스

앞

0.5

구름물결 치마 원피스

소매

0.3

B

F

나머지 0.5

구름물결 치마 원피스

뒤 0.5

구름물결 치마 원피스

0.5

0.3

치파

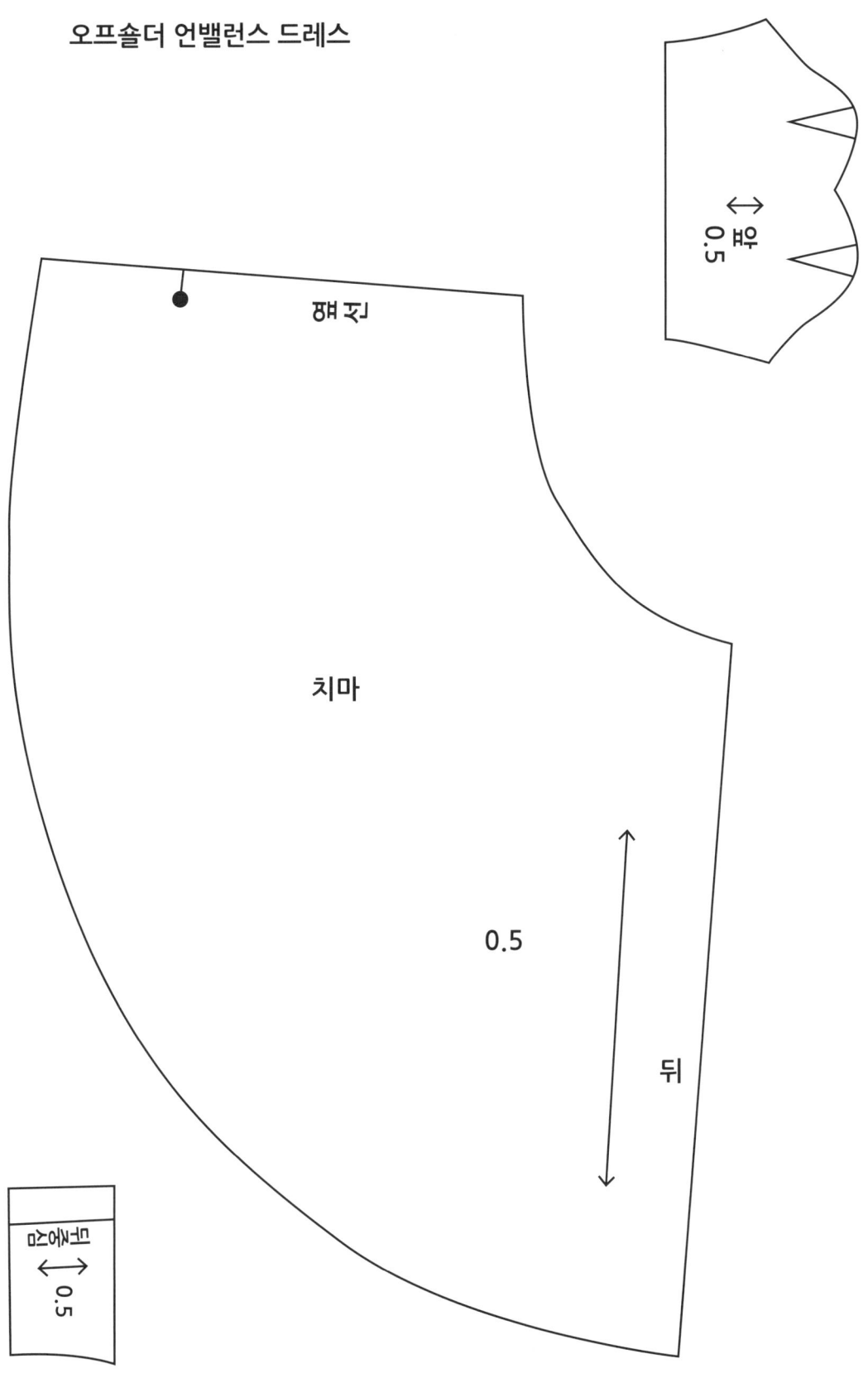

골선 옆

치마

0.5

뒤

우벤 0.5

소매선단 0.5

플리츠 롱스커트

※ 플리츠 롱스커트 패턴은 168쪽 패턴 윗부분과 169쪽
   패턴의 아랫부분을 연결하여 그려줍니다.

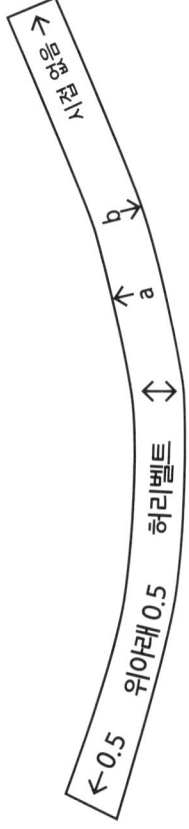

시접분량 ↑

b ↑

a ↑

↔

허리벨트

위아래 0.5

← 0.5

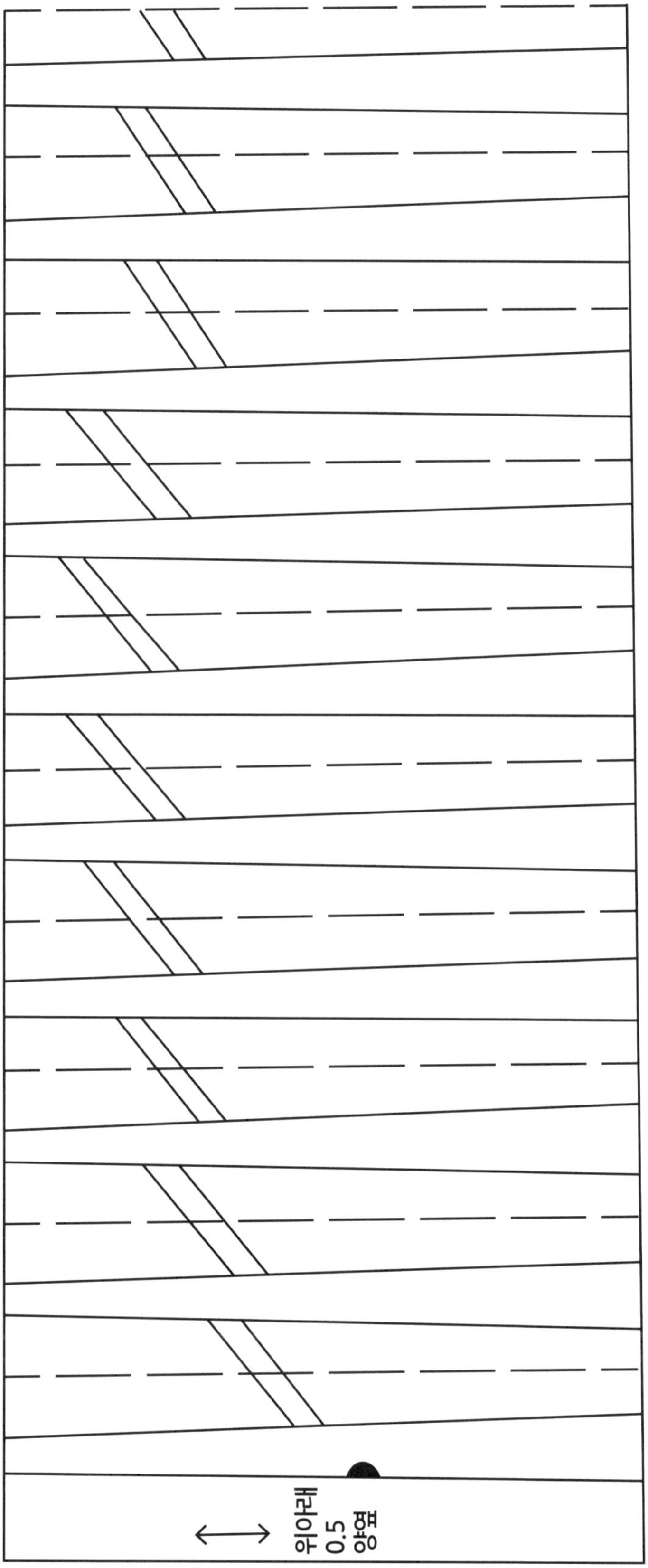

↔

위아래
0.5
앞중심

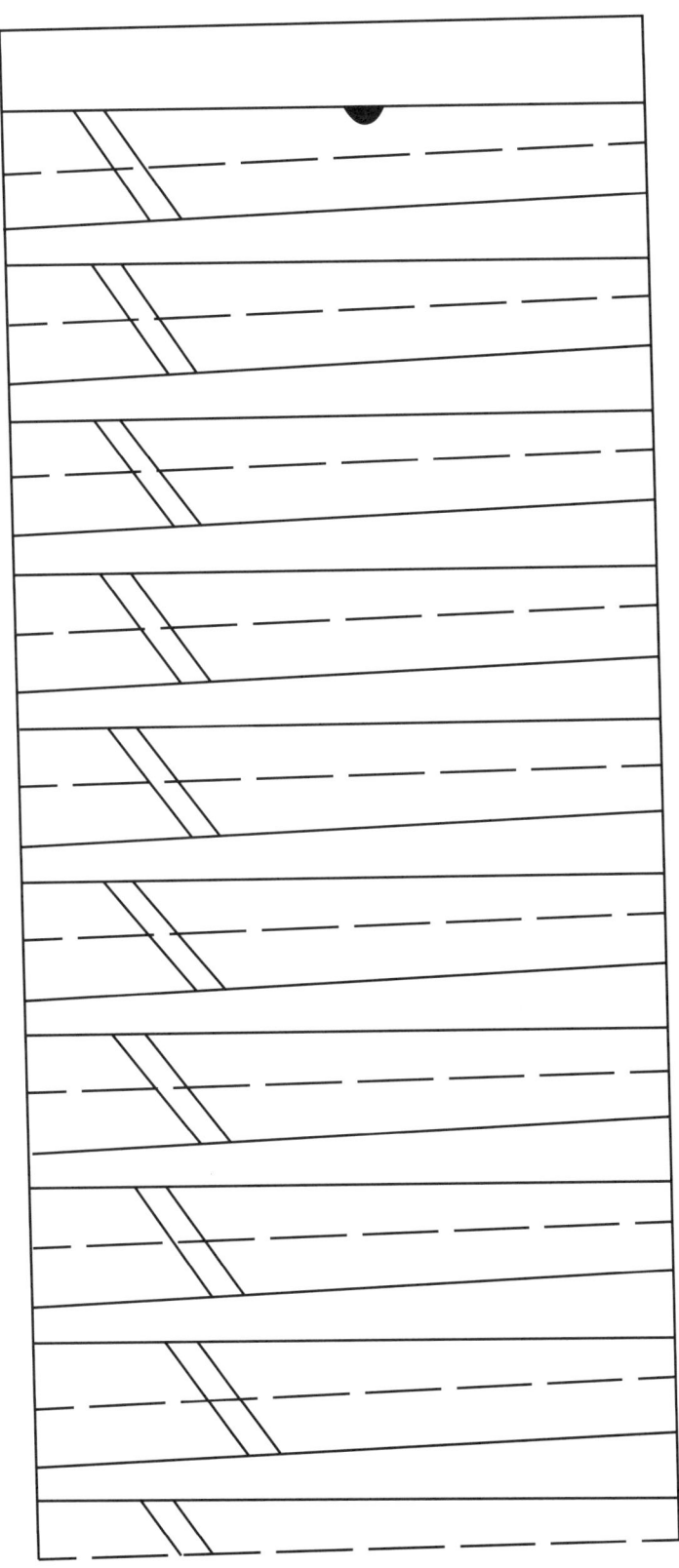

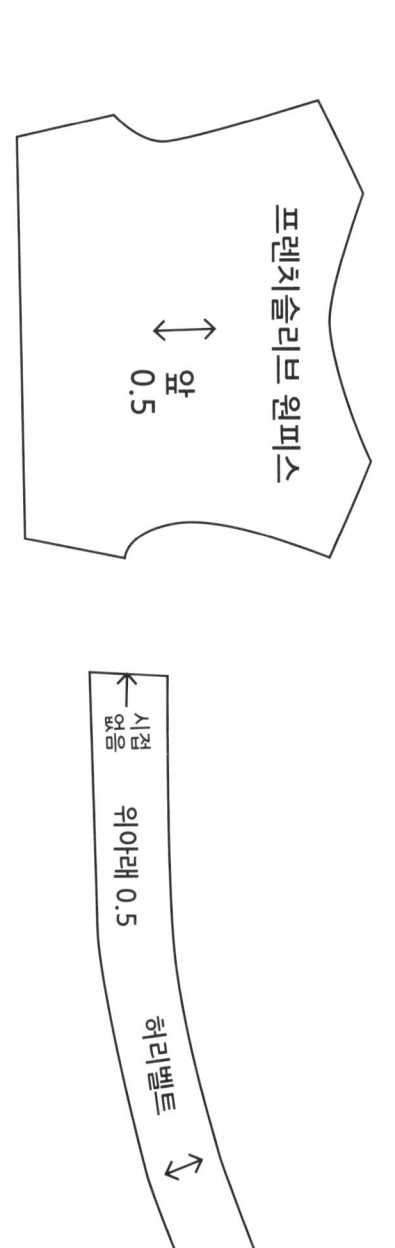

프렌치슬리브 원피스
↔
위표
0.5

시접
없음
↑
위아래 0.5
허리벨트 ↔
a
b 맞춤 스커트 0.5

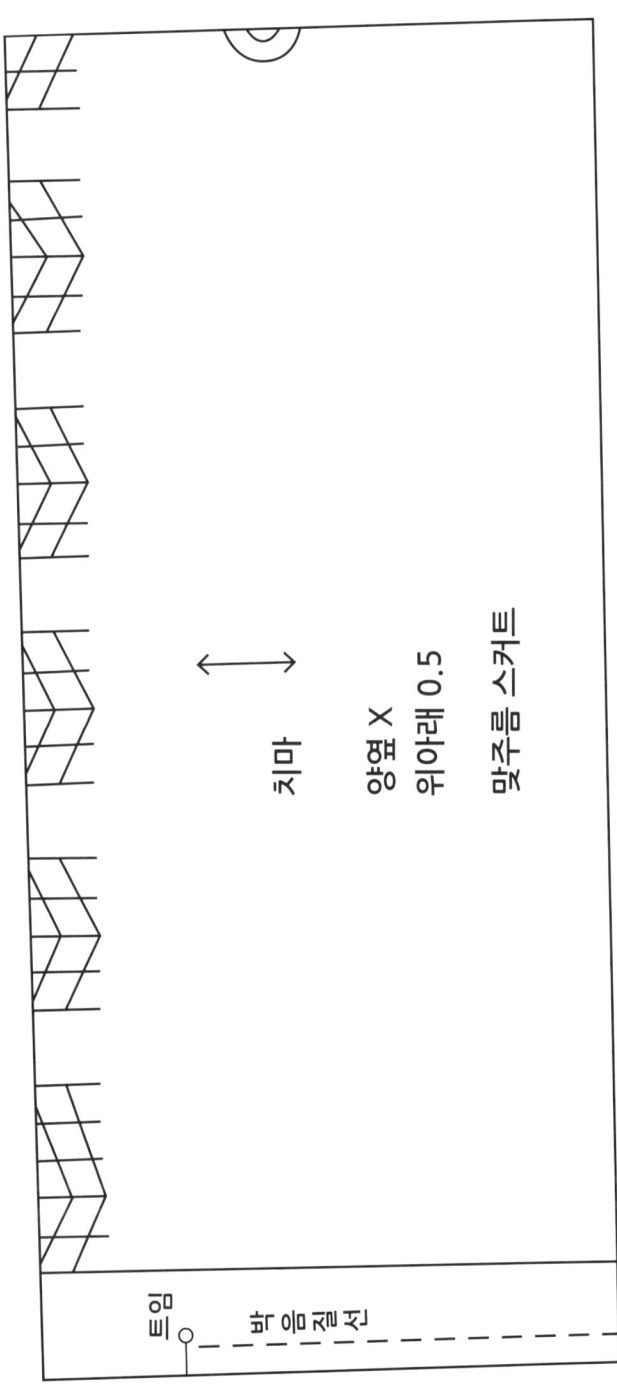

맞춤 스커트
위아래 0.5
양옆 X
치마 ↔

너음
선고중 앞뒤

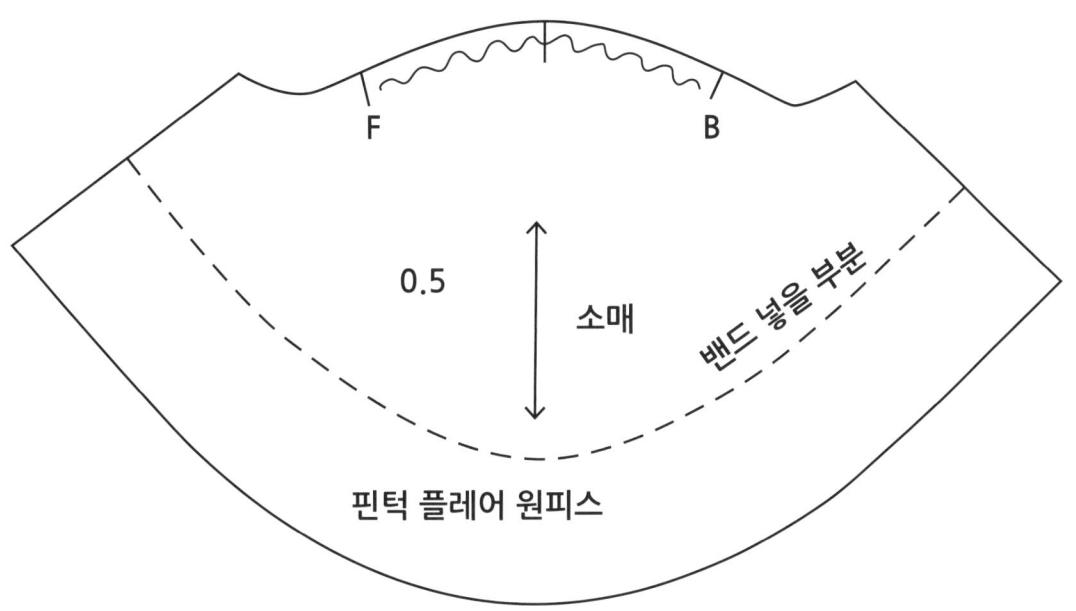

F   B

0.5

소매

밴드 넣을 부분

핀턱 플레어 원피스

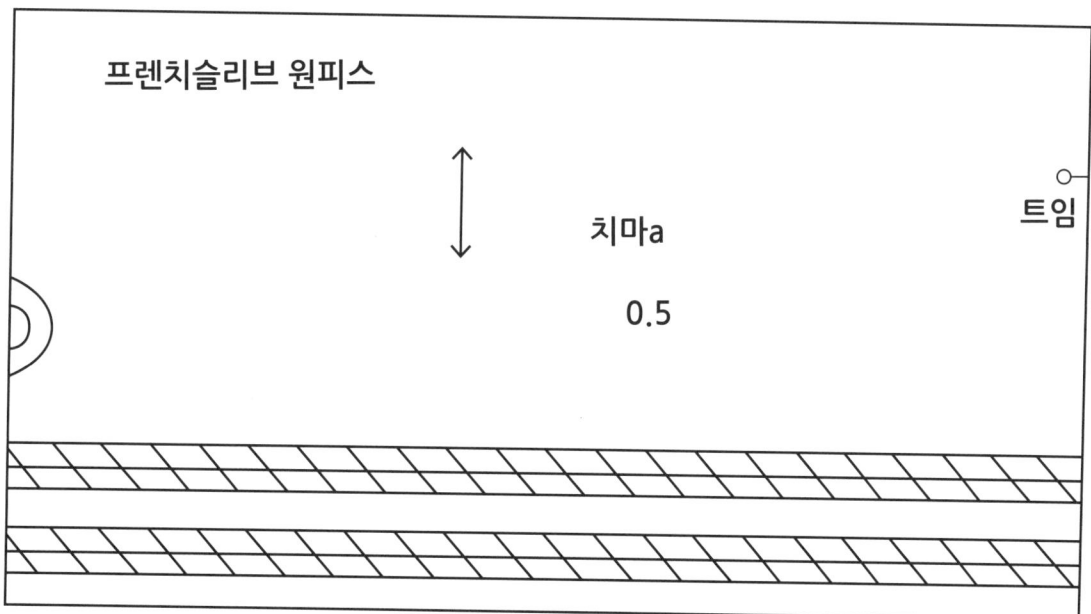

프렌치슬리브 원피스

치마a

0.5

트임

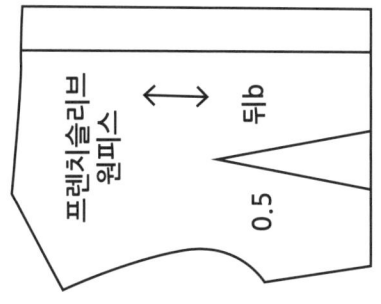

프렌치슬리브
원피스

뒤b

0.5

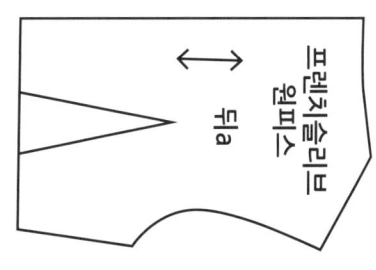

프렌치슬리브
원피스

뒤a

핀턱 플레어 원피스

※ 핀턱 플레어 원피스의 치마 패턴은
리넨 속치마 패턴과 같습니다.

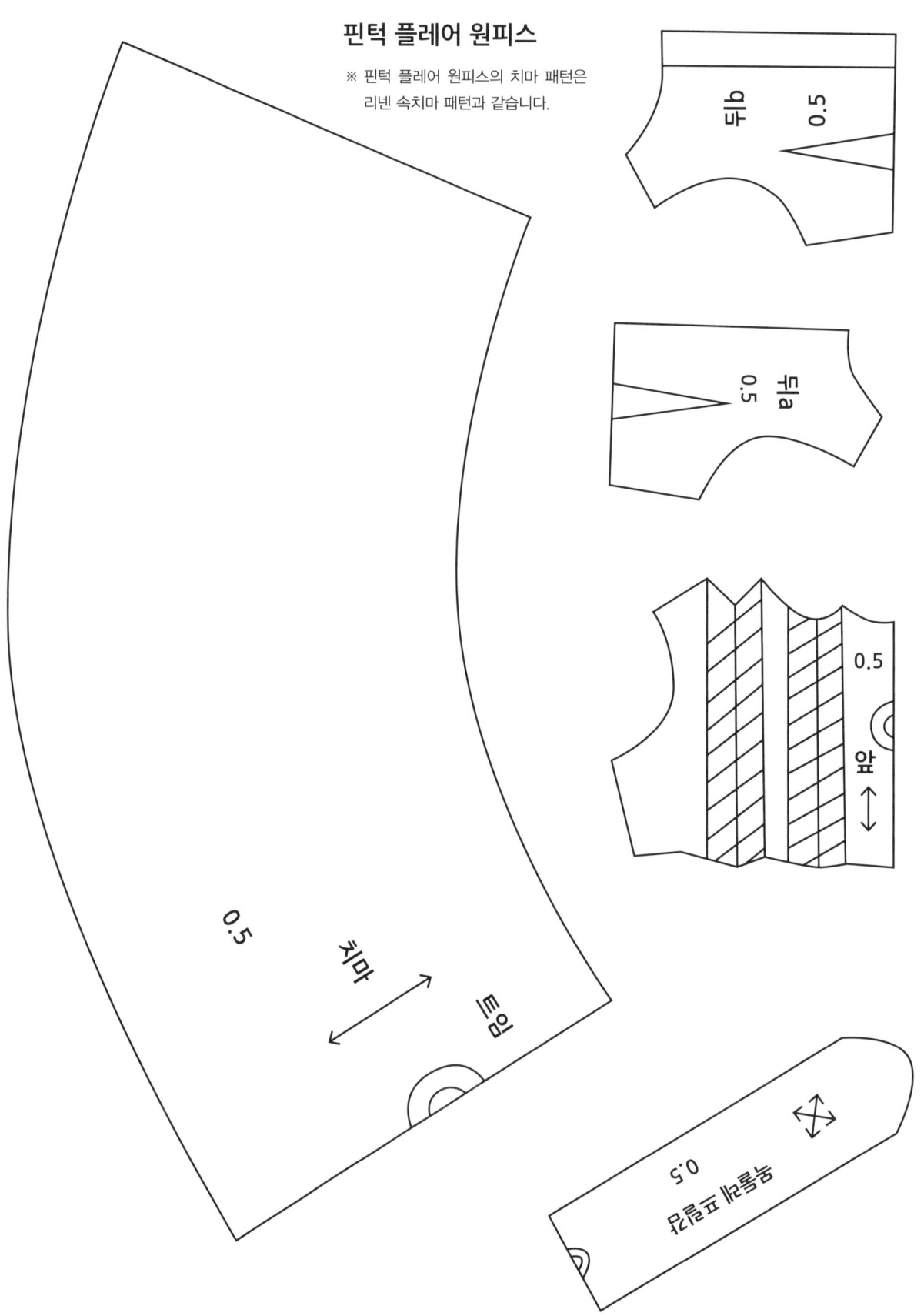

뒤판
0.5

뒤a
0.5

0.5

앞

0.5

치마

트임

무릎길이 프릴컵
0.5

라벤더체크 이중케이프

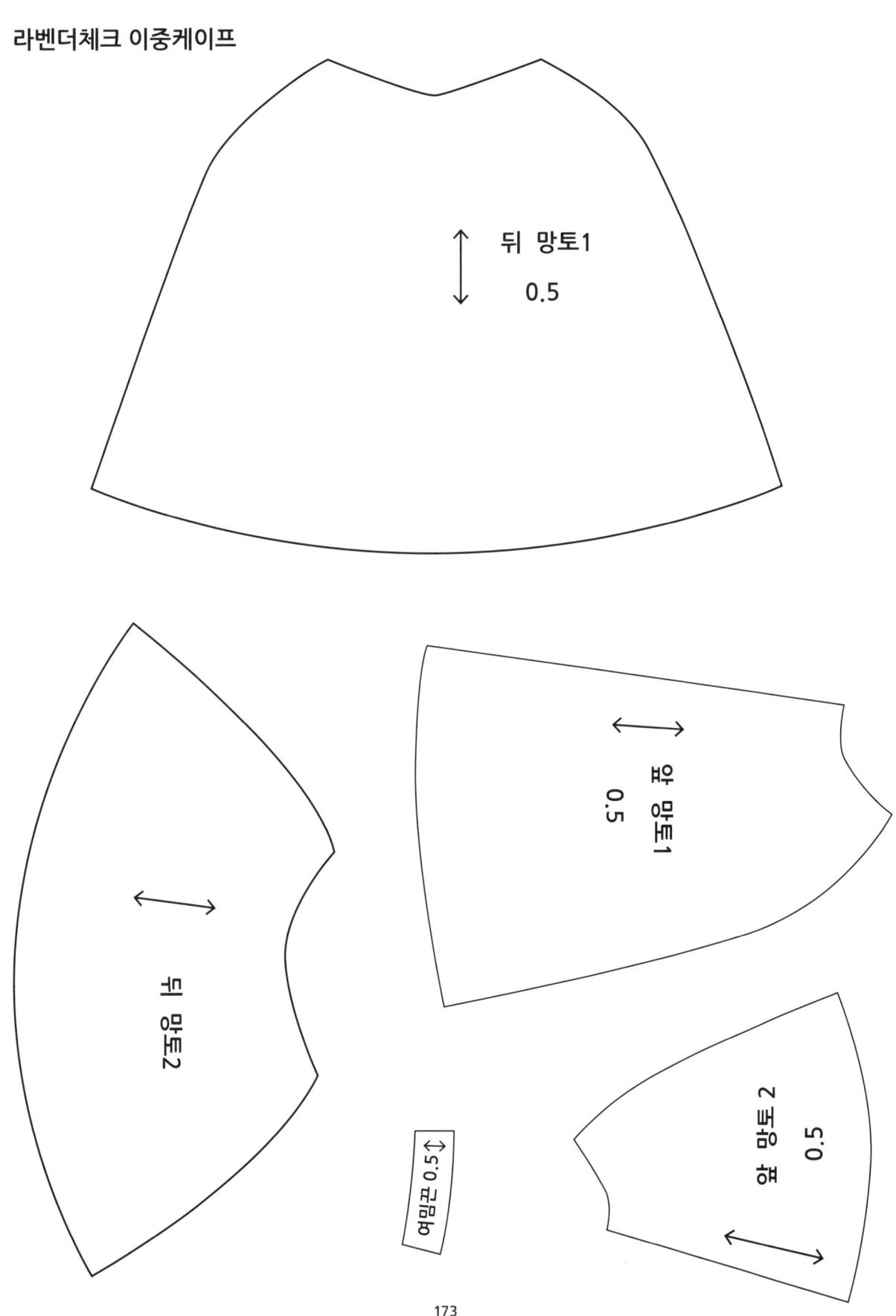

뒤 망토1

0.5

뒤 망토2

앞 망토1

0.5

앞 망토2

0.5

여밈끈 0.5

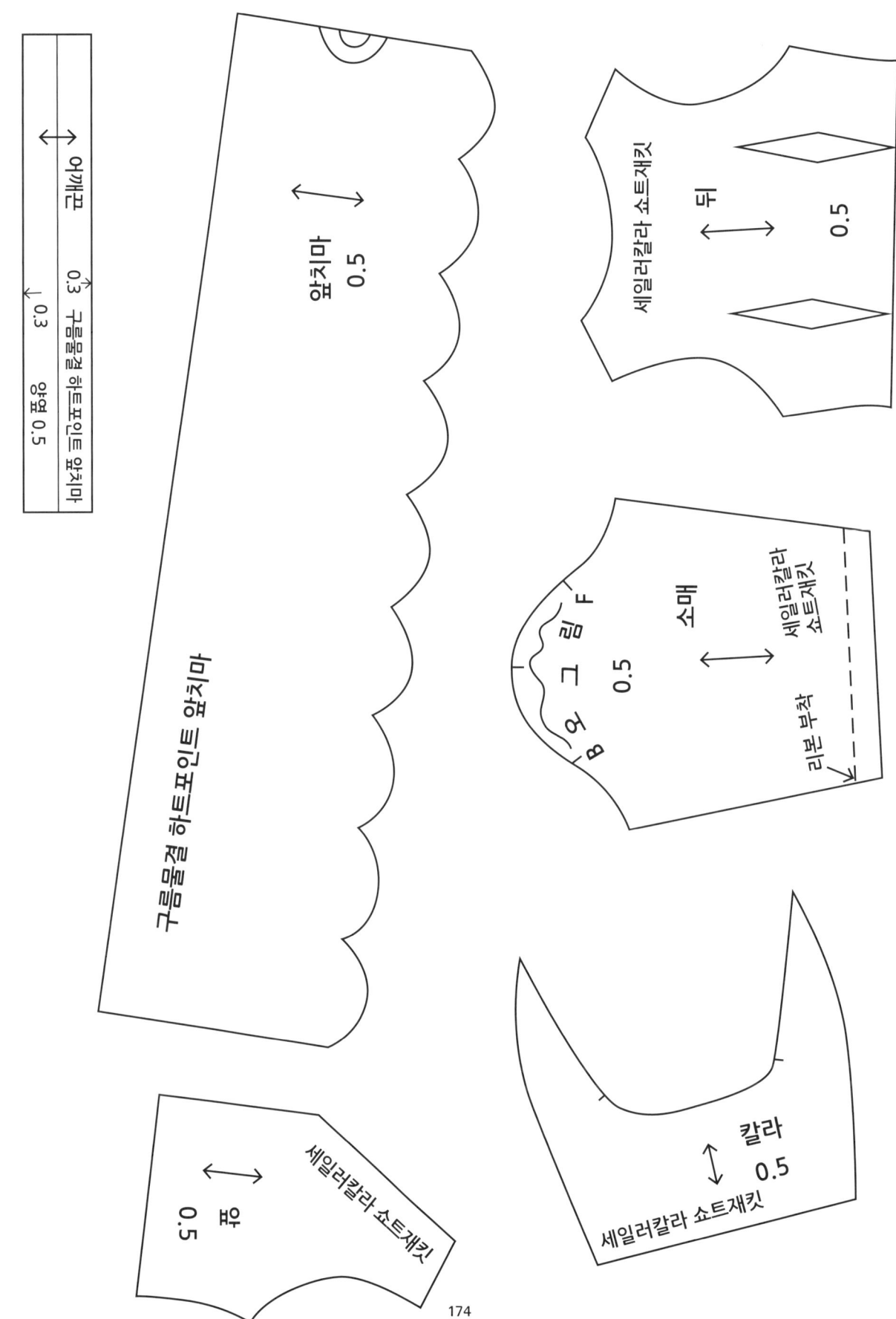

어깨끈

0.3 구름물결 하트포인트 앞치마
↓ 0.3 양옆 0.5

앞치마 0.5

구름물결 하트포인트 앞치마

세일러칼라 쇼트재킷
뒤 0.5

소매 0.5
세일러칼라 쇼트재킷
리본 부착
B 9 ㄷ 림 F

칼라 0.5
세일러칼라 쇼트재킷

세일러칼라 쇼트재킷
앞 0.5

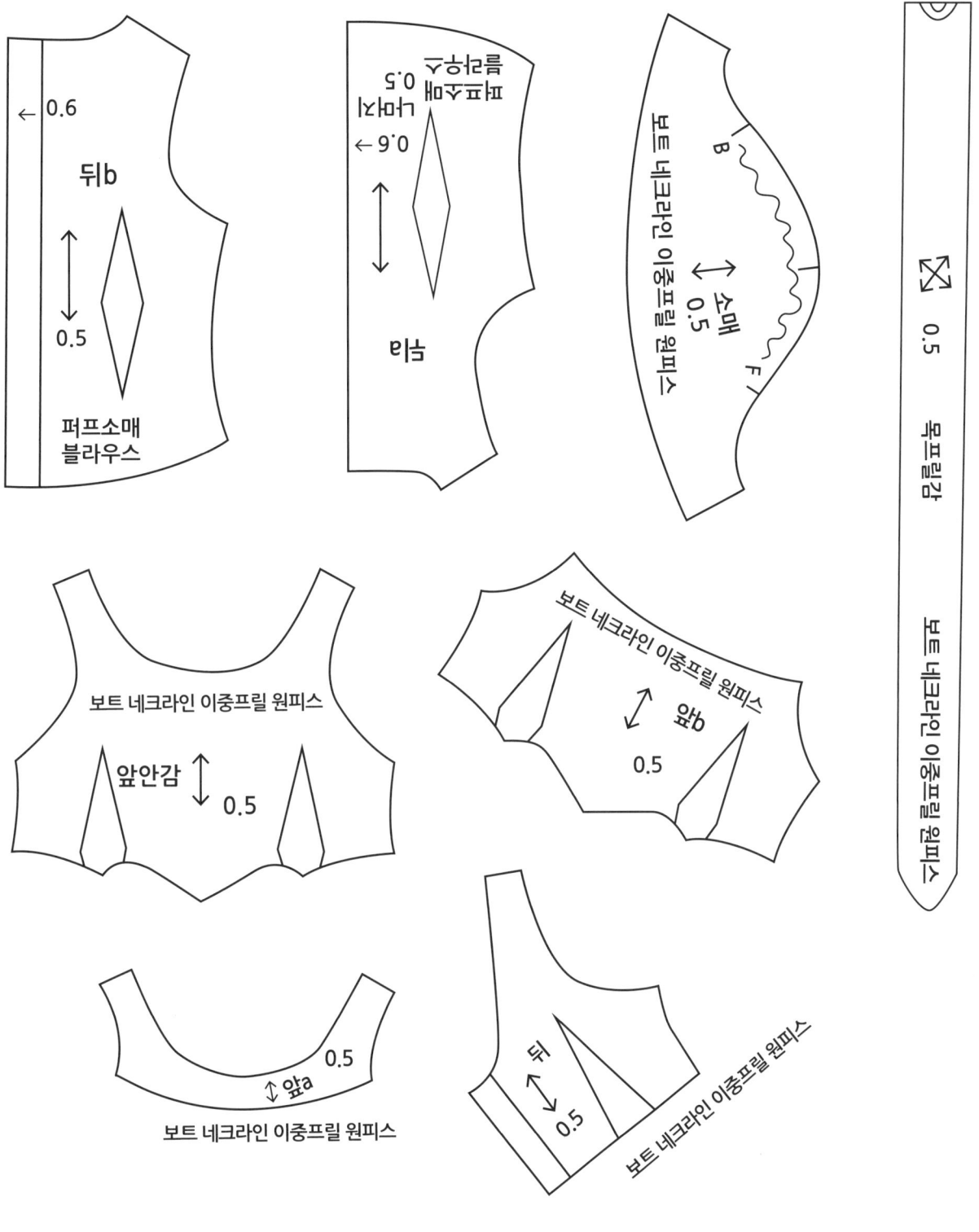

← 0.6

뒤b

0.5

퍼프소매
블라우스

파워메시 0.5
소매안감 0.5

0.6 →

안감

보트 네크라인 이중프릴 원피스

B

소매
0.5

F

0.5

목프릴감

보트 네크라인 이중프릴 원피스

보트 네크라인 이중프릴 원피스

앞안감 0.5

보트 네크라인 이중프릴 원피스

앞b

0.5

보트 네크라인 이중프릴 원피스

앞a 0.5

뒤

0.5

보트 네크라인 이중프릴 원피스

허리끈

0.5

구름물결 하트포인트 앞치마

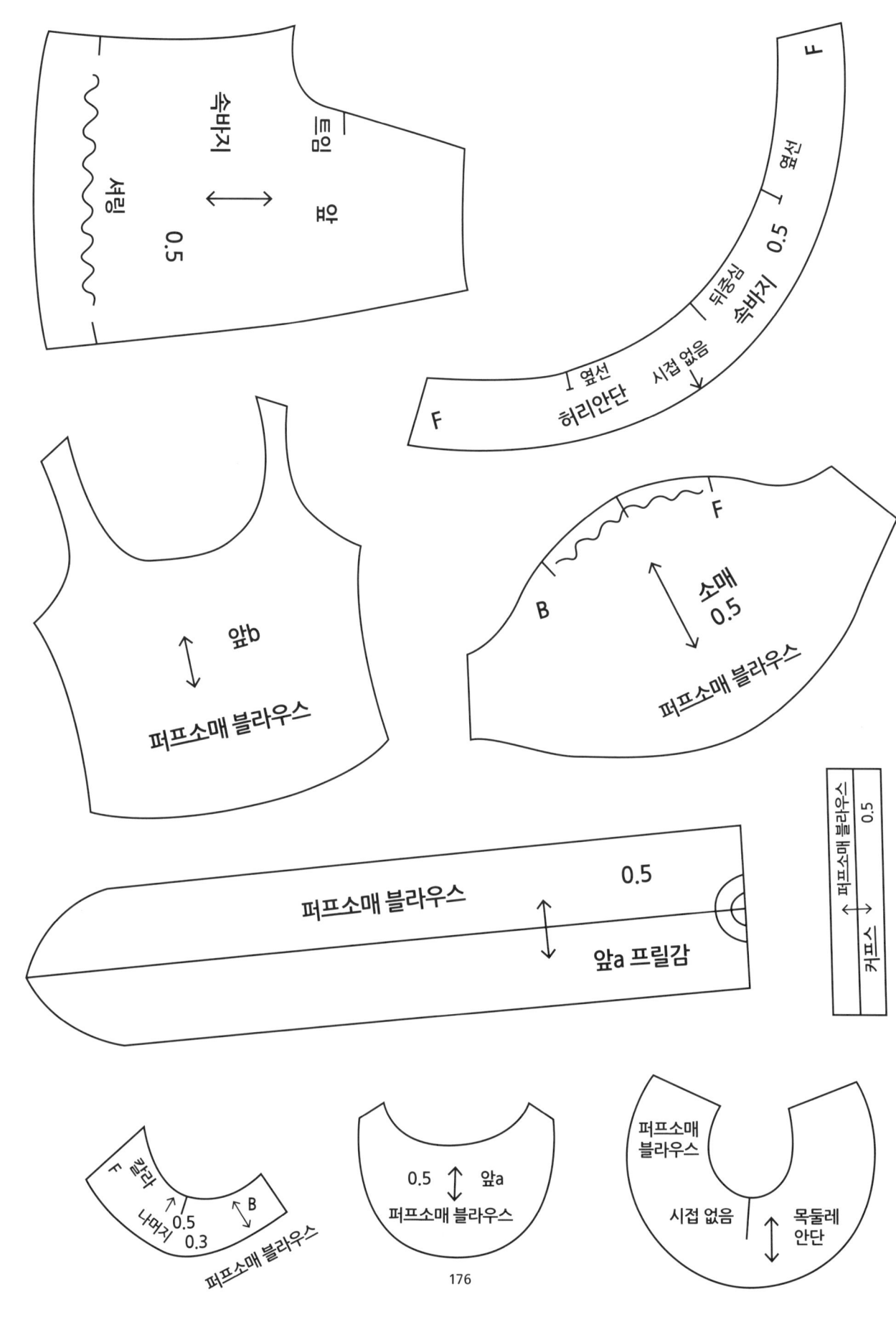

속바지
틈의
부
샤링
0.5

옆선 0.5
뒤중심 속바지
옆선
시접 없음
허리안단
F
F

앞b
퍼프소매 블라우스

소매
0.5
F
B
퍼프소매 블라우스

퍼프소매 블라우스
커프스
0.5

퍼프소매 블라우스
0.5
앞a 프릴감

걸라
F
나머지
0.5
0.3
B
퍼프소매 블라우스

0.5 앞a
퍼프소매 블라우스

퍼프소매
블라우스
시접 없음
목둘레
안단

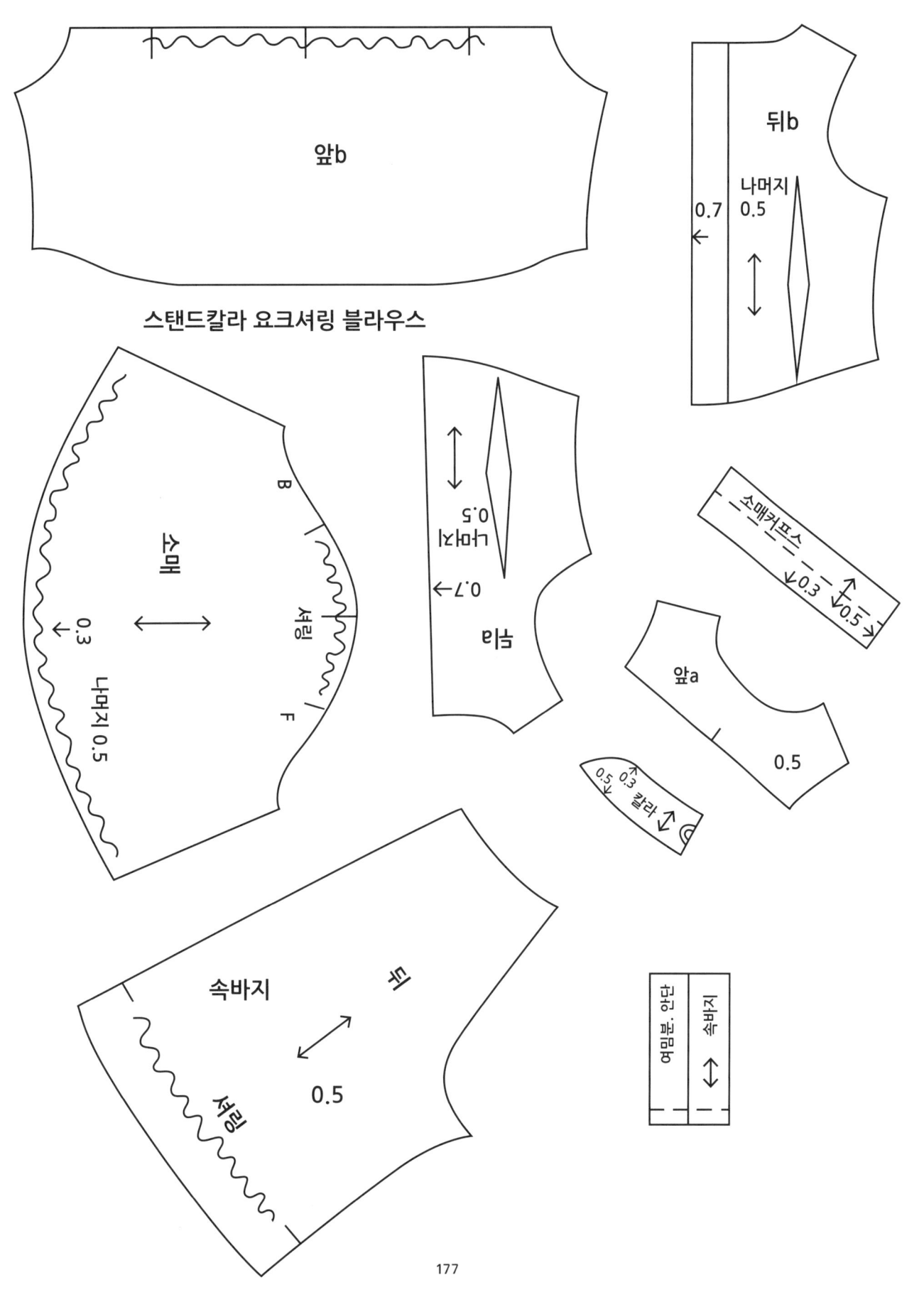

앞b

스탠드칼라 요크셔링 블라우스

뒤b

0.7

나머지 0.5

소매

0.3

나머지 0.5

B

셔링

F

뒤a

0.7

나머지 0.5

소매커프스

0.3

0.5

앞a

0.5

0.3 칼라 0.5

속바지

뒤

셔링

0.5

연장·품밈

안감·속지

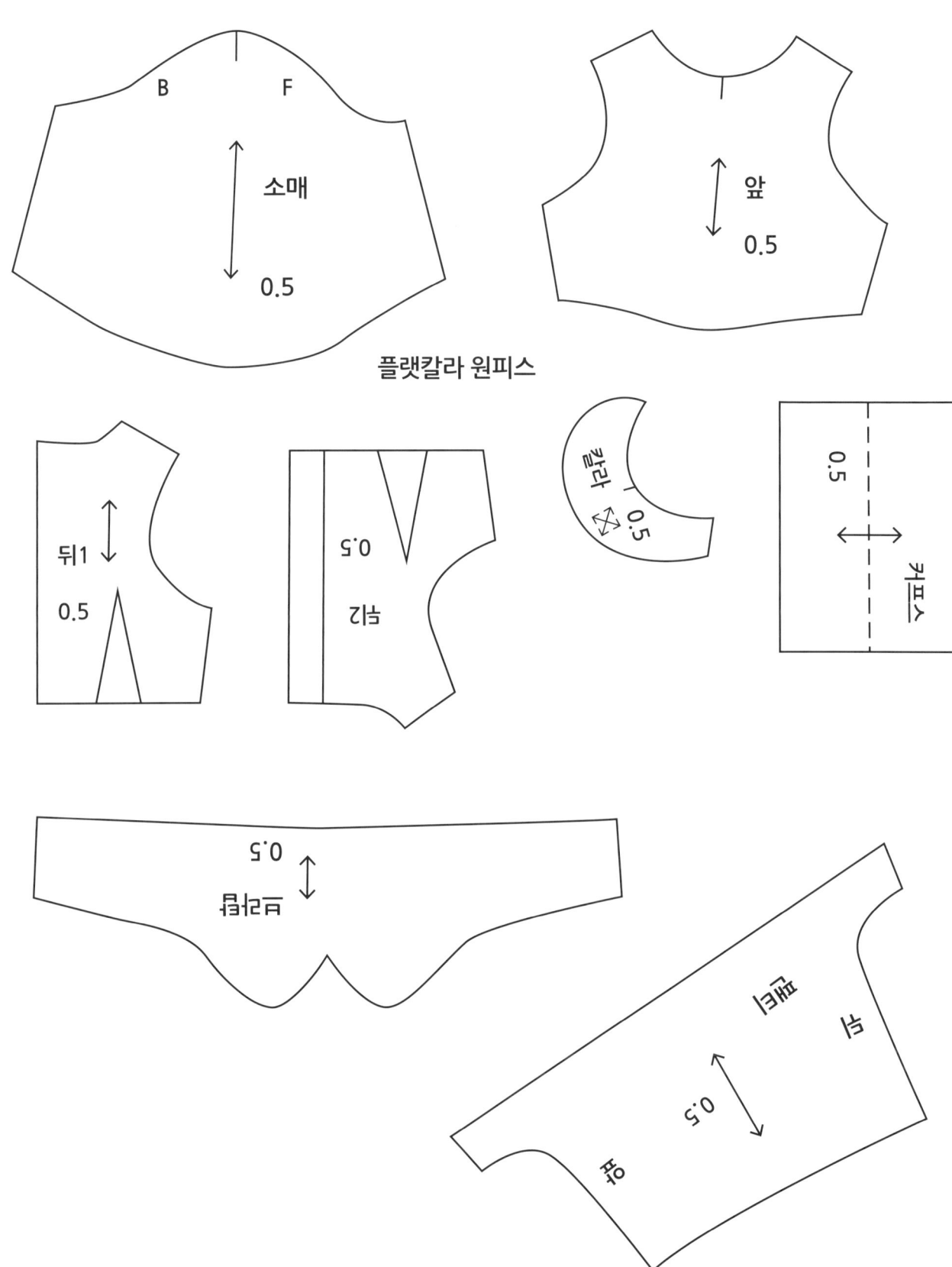

플랫칼라 원피스

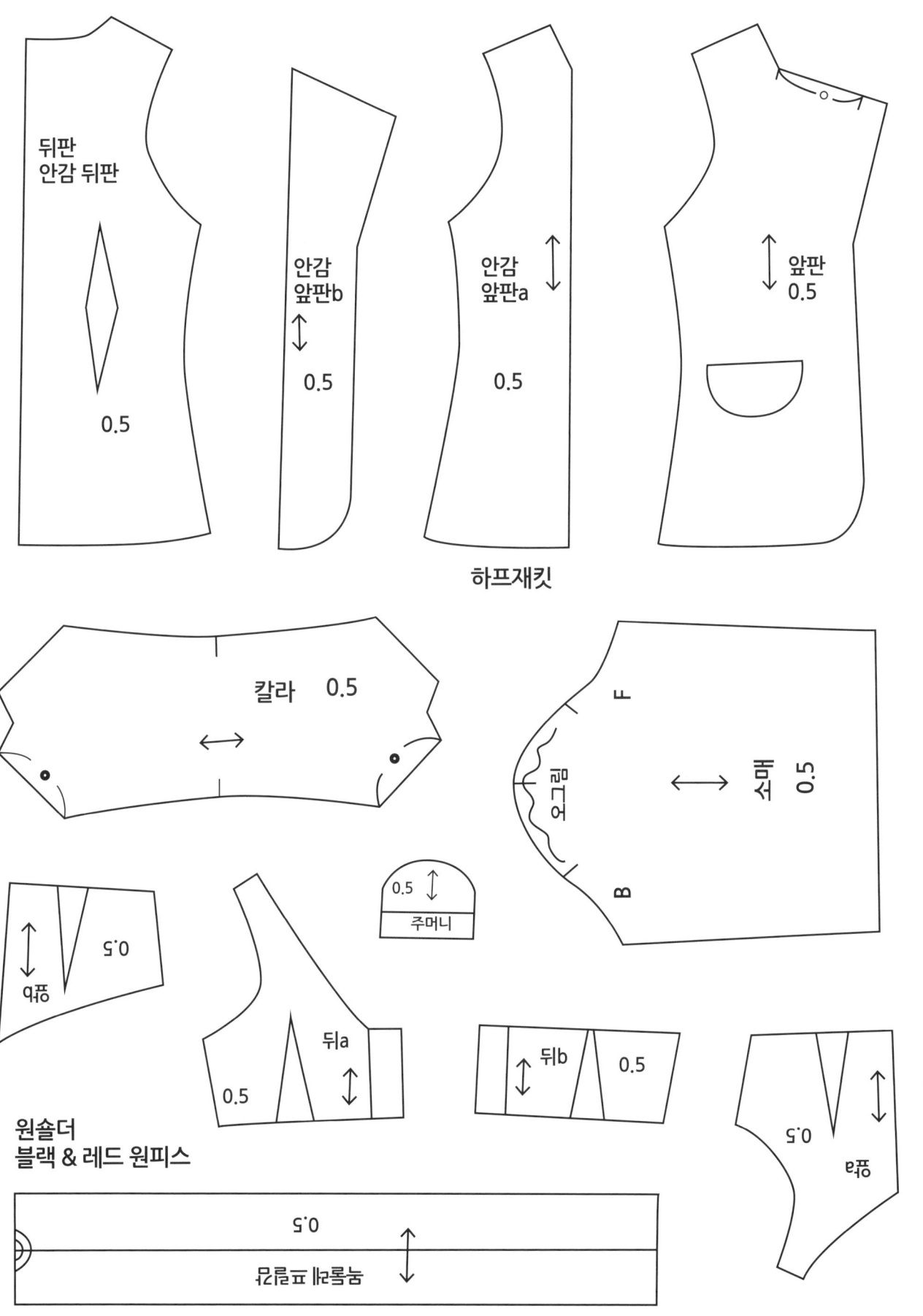

뒤판
안감 뒤판

0.5

0.5

안감
앞판b

0.5

안감
앞판a

0.5

앞판
0.5

하프재킷

칼라   0.5

F

소매   0.5

어깨선

B

0.5

주머니

앞b

0.5

0.5

뒤a

뒤b   0.5

원숄더
블랙 & 레드 원피스

앞a

0.5

0.5

무릎쉬 표림간

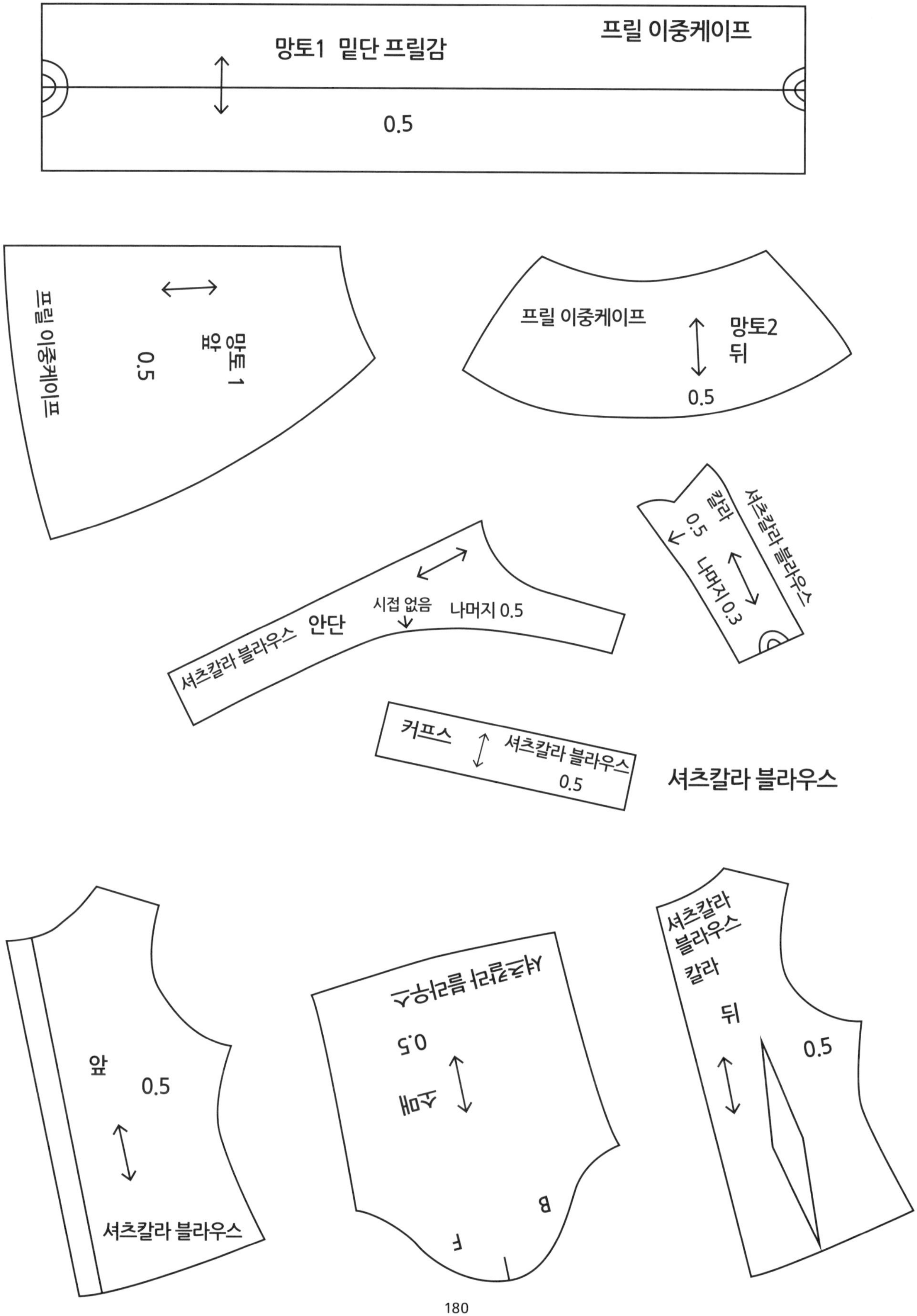

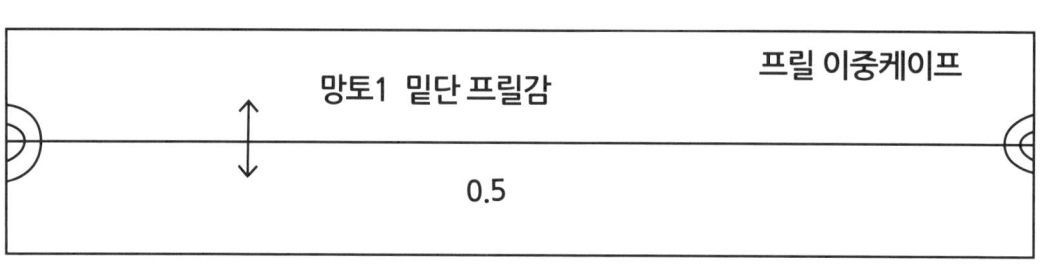

망토1 밑단 프릴감　　　프릴 이중케이프

0.5

프릴 이중케이프　　망토1 앞　0.5

프릴 이중케이프　망토2 뒤　0.5

셔츠칼라 블라우스 칼라 0.5 나머지 0.3

셔츠칼라 블라우스 안단　시접 없음　나머지 0.5

커프스　셔츠칼라 블라우스　0.5

셔츠칼라 블라우스

앞　0.5

셔츠칼라 블라우스

셔츠칼라 블라우스 소매　0.5　F　B　뒤

셔츠칼라 블라우스 칼라 뒤　0.5

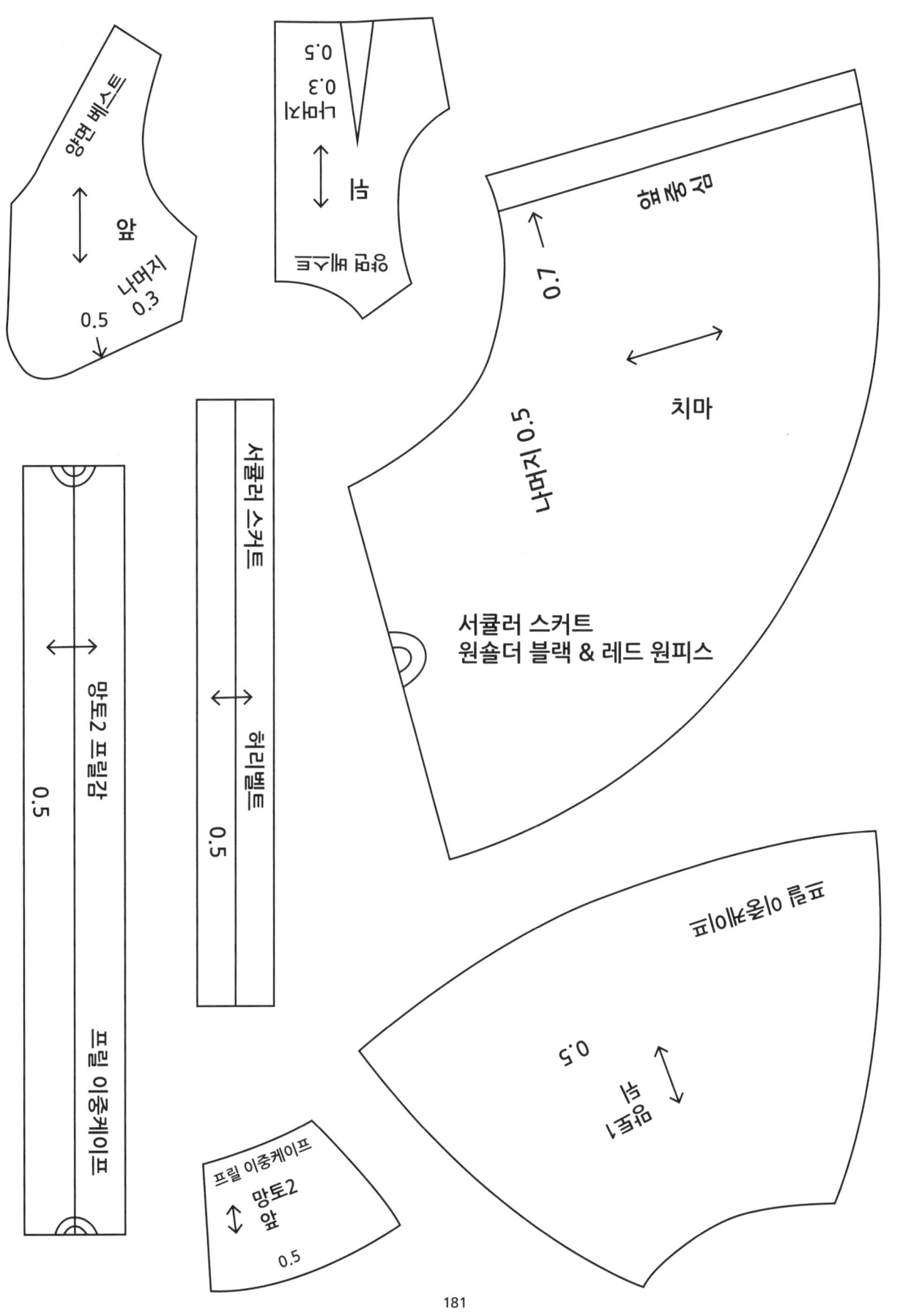

앞 트임 베스트
앞
나머지 0.3
0.5

양쪽 베스트
0.5
0.3
시마리
시
식
앞 트임 베스트

무늬 애버 핵
0.7
치마
나머지 0.5

서큘러 스커트
원숄더 블랙 & 레드 원피스

서큘러 스커트
워리밸트
0.5

망토2 프릴감
0.5

프릴 이중케이프

프릴 이중케이프
망토2
앞
0.5

프릴 이중케이프
무늬
0.5

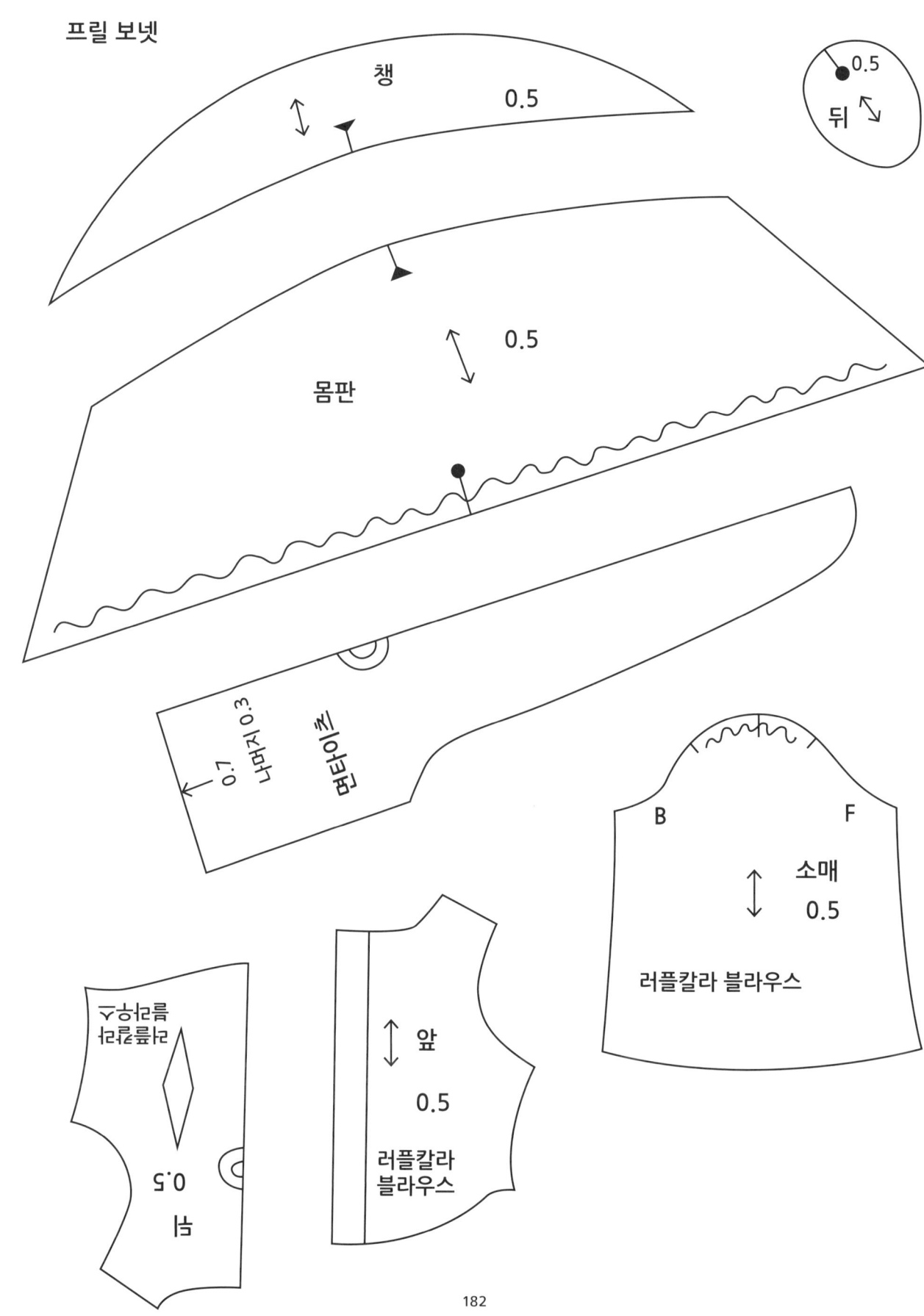

프릴 보넷

챙

0.5

뒤 0.5

몸판

0.5

0.7
나머지 0.3

편타이즈

B   F

소매

0.5

러플칼라 블라우스

앞

0.5

러플칼라
블라우스

뒤

0.5

블라우스
프릴칼라

머메이드 스커트

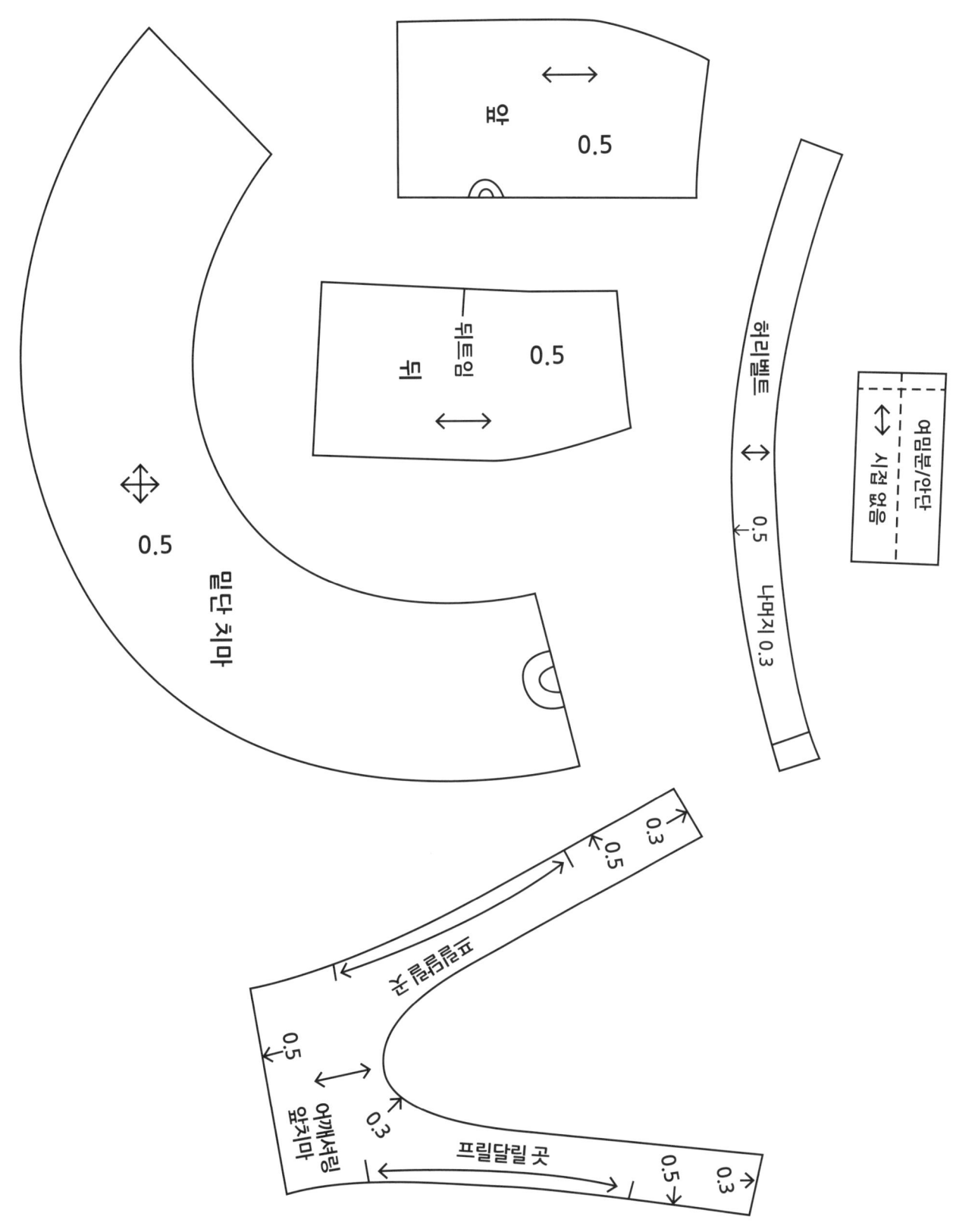

앞 0.5

뒤 뒤트임 0.5

밑단 치마 0.5

허리벨트 ↔ 0.5 나머지 0.3

여밈분/안단 ↔ 시접 없음

0.3 0.5 프릴다를 선

0.5 어깨셔링 앞치마 0.3

프릴달릴 곳 0.5 0.3

미니 파올라 레이나를 위한

빈티지 인형옷 만들기

2021년 7월 21일 초판 1쇄 인쇄
2021년 7월 28일 초판 1쇄 발행

지은이 | 김화희
펴낸이 | 이종춘
펴낸곳 | ㈜첨단

주소 | 서울시 마포구 양화로 127 (서교동) 첨단빌딩 3층
전화 | 02-338-9151
팩스 | 02-338-9155
인터넷 홈페이지 | www.goldenowl.co.kr
출판등록 | 2000년 2월 15일 제 2000-000035호

본부장 | 홍종훈
편집 | 조연곤
교정 | 주경숙
본문 디자인 | 조서봉
표지 디자인 | 말리북
전략마케팅 | 구본철, 차정욱, 나진호, 이동후, 강호묵
제작 | 김유석
경영지원 | 윤정희, 이금선, 최미숙

ISBN 978-89-6030-581-6 13630

BM 황금부엉이는 ㈜첨단의 단행본 출판 브랜드입니다.

황금부엉이에서 출간하고 싶은 원고가 있으신가요? 생각해보신 책의 제목(가제), 내용에 대한 소개, 간단한 자기소개, 연락처를 book@goldenowl.co.kr 메일로 보내주세요. 집필하신 원고가 있다면 원고의 일부 또는 전체를 함께 보내주시면 더욱 좋습니다. 책의 집필이 아닌 기획안을 제안해주셔도 좋습니다. 보내주신 분이 저 자신이라는 마음으로 정성을 다해 검토하겠습니다.